The Beauty of Korea's Traditional Walls

한국의 꽃담

【저자소개】

한국문화 스토리 작가로, 508권의 책자 집필을 마친 가운데 '한국의 옛집과 꽃담', '한국의 다리 풍경', '한국의 꽃살문' 등 67권의 책을 펴냈다. 문화기획, 연구발표, 특강, 답사 안내를 하고 있다.

전주문화원 연구위원, 전주향교길 이야기 자문위원, 전주지후아트갤러리 자문위원, 전주부채문화관 운영 협의회 위원, 전북한글서예협회 자문위원 및 홍보분과위원장, 한국서예교류협회 홍보 및 기획이사로, 현재 새전북신문 편집부국장으로 일하고 있다.

The Beauty of Korea's Traditional Walls

한국의 꽃담

저자 **이 종 근**

신아출판사

인사말

대한민국 마지막 문화유산 꽃담 30여 년 세월 갈무리

담에 높은 예술성을 부여한 유구한 전통이 있었음을 혹시라도 아는지? 조상들은 담에 길상吉祥적인 의미를 담은 글자나 꽃, 동물 등의 무늬를 새긴 바, 이 화려하고 아름다운 담들을 '꽃담'으로 부른다.

청송 송소고택(국가민속문화유산 제250호) 구멍담은 안팎으로 9개의 구멍이 있다. 안채에는 3개의 구멍이, 사랑채에는 6개의 구멍이 있다.

출입이 자유롭지 못했던 여인들이 안채에서 구멍담을 통해 사랑채를 엿보는 것이다. 안채의 3개의 구멍이 사랑채의 6개의 구멍으로 2개씩 갈라져 오른쪽 왼쪽을 볼 수 있도록 만들어져 있다.

이곳엔 우주가 숨어있다. 이는 삼재三材 사상으로, 우주의 3가지 근원인 하늘[天], 땅[地], 그리고 사람[人]을 의미한다. 안주인을 위해 꽃담에 온 우주를 담아놓은 섬세함이 문양에서 느껴진다.

경복궁 자경전 십장생굴뚝(보물)은 자경전 뒷담의 한 면을 돌출시켜 만들었다.

자세히 바라보면 열 가지 이상의 상징물이 보인다. 연꽃, 포도 국화 원앙 백로 등이 보이지 않나. 자손번창과 길상의 의미로, 모두 20여 가지에 이른다는 사실을 알게 됐다.

경복궁 교태전 뒤편 아미산 동산을 연결시킨 꽃담은 우아하면서도 단아한 국모의 성품을 느끼기에 충분하고, 창덕궁 낙선재 후원의 꽃담은 흥선대원군의 묵란도를 고스란히 전달하는 듯 정갈한 예술성을 뽐낸다.

운강고택 화방벽은 '길吉'자와 꽃잎 모양의 아기자기한 무늬가 서로 만나면서 상생의 기쁨을 노래하고 있다. 여주 해평윤씨 동강공파 종택 화방벽의 '부富'자와 '귀貴'자는 고요한 마음으로 부딪침을 다스리되, 유물적인 부귀와 공명을 멀리하는 자타일체의 경지를 추구한 것이 아닌가 싶다.

고창 선운사 옆 동백군락지 부근 김성수별장(또는 재실로 부름)은 투박한 모양의 꽃담이 그대로 남아 있다. 재실이라서 창덕궁 낙선재처럼 단청을 전혀 하지 않았다.

전주 전동성당 사제관(전북문화유산자료 제178호)엔 십十자 꽃담, 고창 김정회고가(전북 민속문화유산 제29호)엔 맞담, 전주 한옥마을 최부잣집 와편 담장은 또 어떠한가.

고성 학동마을 옛 담장(등록문화재 제258호) 한 고택의 양쪽 담장에 구멍이 하나씩 뚫려 있다.

담장 밖에 사는 배고픈 사람들에게 음식을 내주거나 가난한 사람들을 위해 곡식을 갖다 놓았던 구휼구救恤口이다. 바깥사람들이 집안사람의 눈치를 보지 않고 배고픔을 달래라는 의미다. 한국의 담장에서 창은 유효한 소통 수단이다.

전남 보성 득량면 강골마을에 가면 소리샘을 만날 수 있다. 마실물이 귀하던 시절, 마을 사람들을 위해 개방하고 담장 밖으로 냈다.

대신 네모 구멍을 통해 마을 대소사를 엿듣고 회의를 통해 해결책을 모색하는 등 소리샘은 소통 창구 역할을 했다. 네모난 담장 구멍을 통해 생일날의 떡이 전달되기도 했다.

안동 병산서원(사적 제260호) 옆에는 달팽이 뒷간이 있다.

진흙 돌담의 시작 부분이 끝 부분에 가리도록 둥글게 감아 세워 놓아 달팽이 뒷간이라고 불린다. 출입문이 없어도 안의 사람이 밖으로 드러나지 않도록 배려한 구조이다.

일반적인 담은 구분이다. 때론 나와 너를 나누며, 때론 인간과 자연을 가른다. 하지만 우리에게는 상식을 뛰어넘는 담이 있다.

꽃담, 말부터 참 예쁘다. 꽃담은 높거나 위협적이지 않은 소통의 담이다. 집주인의 성품을 드러내고, 지나가는 사람들을 기꺼이 모신다. 인간과 자연의 공존도 소망한다.

'여기는 내 땅이야', '타인 출입금지' 식의 엄포가 없다. 질박하면 질박한 대로, 화려하면 화려한 대로 여유와 만족을 안다.

우리네 조상들의 마음씨를 꼭 빼닮았으며, 안보다 밖을 먼저 생각한 꽃담은 삶의 여유이며 타인을 위한 배려의 소산물이다.

이처럼 꽃담은 안과 밖을 구분 짓지 않고 모두에게 열려 있는 무한 경계의 환경예술이다.

스쳐 지나가면 그저 벽과 담일뿐이지만 자세히 들여다보면 그곳에는 미처 몰랐던 우리 문화의 멋과 흥이 숨어 있다.

꽃담은 선조들의 질박한 삶과 다양한 계층이 지닌 문화의 차이를 읽어낼 수 있는 즐거움이 가장 큰 매력이다.

꽃담은 흙으로 만든 전통 담장을 말하며, 때로는 기와나 전돌을 사용하여 장식적인 요소를 더하기도 한다.

특히, 꽃담은 흙과 전돌, 기와로 만들어진 대한민국 마지막 문화유산이라는 점에서 그 가치가 높게 평가된다.

꽃담을 찾아 전국 방방곡곡을 35년 여 째 누비고 있다. 그는 산을 넘고, 물을 건너 꼭꼭 숨어 있던 꽃담을 찾고, 꽃담 하나 하나에 녹아들어 있는 사연을 끄집어낸다.

기자 초년시절부터 지역문화에 남다른 관심을 기울였던 내가 꽃담과 인연을 맺은 것은 1998년 무렵. 한옥이나 한식 등 널리 알려진 것 말고 세계에 알릴만한 문화유산이 뭐가 있을까 고민하던 중 꽃담과 만났다.

우리네 담은 집을 안팎으로 아름답게 만들어주면서 동시에 세상과 소통하기 위한 열린 공간이다.

"흙으로 쌓아 만든 담에 돌이나 기와를 섞어 쌓아서 여러 가지 색과 함께 글자나 무늬로 치장한 담을 꽃담이라고 불러요. 하늘과 맞닿은 곳에 한국의 문화가 살아 있는 셈이죠."

'흙이나 전돌, 기와'로 만든 꽃담의 수명은 길어야 100~300년이며, 흙으로 만든 토담의 경우엔 더 짧다.

수명이 기껏해야 수십 년에 불과한 꽃담은 담장 앞에 피어난 들꽃처럼 순박한 아름다움을 지니고 있다.

선조들은 토담을 쌓되, 흙이 주저앉지 않도록 중간 중간에 돌을 박거나, 때론 깨진 기와를 섞고 무늬를 넣어 꽃담을 만들기도 했다.

여기에 금상첨화로, 길상문자(길상적인 의미를 지닌 글자) 또는 꽃과 식물, 동물 등의 무늬를 넣어 주변의 건축이나 자연과의 조화로운 삶을 염원했다.

삶과 염원이 담긴 꽃담은 세계적으로도 일반 백성, 사찰, 궁궐에 이르기까지 그 스펙트럼을 볼 수 있는 드문 소재인 만큼 세계에 널리 알려도 손색이 없는 흙으로 만든 대한민국의 마지막 문화유산이다.

현재 경복궁 아미산 굴뚝(보물 제811호), 십장생 굴뚝(보물 제810호), 도동서원 강당사당부장원(보물 제350호), 낙산사 원장(강원도 유형문화재 제34호) 등 단 4종의 꽃담이 문화재로 지정돼 보존되고 있다.

궁궐의 꽃담은 왕비나 후궁들의 후원을 아름답게 장식하던 설치예술이며 행위예술이다. 화려한 무늬로 꾸며진 꽃담은 직선과 곡선을 치밀하게 구성하고, 질서 있게 무늬와 문양을 배열하며 미감을 높이는가 하면 왕실을 상징하는 용과 봉황 등으로 위엄을 갖추기도 했다.

임금의 무병장수를 비는 만수무강萬壽無疆, 수복강녕壽福康寧 등의 문자로 나타내면서 단순한 장식이나 미적 표현보다 그 뜻에 더 의미를 두기도 했다.

일례로, 경복궁의 자경전 서쪽 꽃담을 보면 윗부분은 기와로 마무리하고 담장에는 만萬, 수壽, 복福, 강康, 녕寧 등의 의미를 가진 길상문자와 함께 귀신을 쫓는다는 의미로 가운데 액자 그림처럼 틀어박힌 꽃무늬를 담아냈다.

또, 그 외벽에는 사군자, 모란, 연꽃, 태극무늬, 석쇠(귀갑)무늬, 문자무늬 등 각종 무늬가 장식되어 있다.

흙으로 쌓아 올린 담장에 깨진 사기 그릇 파편과 조각난 기왓장을 꾹꾹 눌러 박은 소탈한 치장은 서민들의 5욕7정의 소용돌이와 함께 자유로운 추상미마저 느끼게 한다.

그뿐만 아니라 시간의 흐름 속에 사라지고 있는 꽃담과 흙돌담길은 현란하지 않게 주변 경관과 어울리도록 은은한 멋을 풍기게 하기에 안성맞춤이다.

하지만 봄이 오면 담쟁이 넝쿨이 휘감고 가을이 오면 빨간 홍시와 낙엽으로 수를 놓았던 꽃담이 시멘트 담장과 아파트 스카이라인에 밀려 하나둘씩 사라지고 있다.

꽃담은 향토적인 서정이 고스란히 담긴 한 편의 서정시요, 종합예술로 오랜 세월 풍파를 견뎌낸 소중한 문화유산이다.

나그네(필자)는 항상 꽃담으로 향하는 길목에서 반 박자 쉬어 가는 여유를 배우며, 한 박자 건너가는 마음을 통해 가슴에 쌓인 원한과 저린 기억마저도 저 멀리 몰아낼 수 있는 자신감을 충전하곤 한다.

애써 서두르지 않고 한 뼘의 여유를 지닌 채 세상의 파고를 무사히 뛰어넘을 수 있도록 임 오시는 길목에 나지막한 화초담 하나 쌓으며 앙증맞은 굴뚝 하나, 바자울 살창 하나 곁에 두고 천년만년 임과 함께 살고 싶은 마음 간절하다.

하지만 꽃담은 그 자리에서 기다리지 않는다. 찾아가지 않으면 시멘트 담과 아파트에 밀려 하나둘 사라지고 없다. 있다 하더라도 전북 임실의 녹천재처럼 건물 벽에 숨어 있다. 그래서 나는 꽃담 찾기를 숨바꼭질에 비유한다.

꽃담은 꽃 한 송이가 예쁘게 핀 듯한 착각을 불러일으키는 만큼 담 바로 그 자체는 한 편의 서정시요, 설치미술이다.

이제 발품을 찾아 확인한 궁궐, 대갓집, 시골 고샅길의 담장과 굴뚝 등을 돌아보며 사연을 찾아낸 가운데 이야기를 곁들여 풀어내고자 한다.

시나브로, 꽃담의 아름다움을 살펴보는 재미가 쏠쏠하고, 조용함과 단아함 속에 젖어 보는 고택과 궁궐 명상의 시간은 오매불망, 그대 반짝이는 별빛이 되고, 이에 내 소망은 교교한 달빛이 된다.

우리의 삶이 더 추락하고 황폐하기 전, 꽃담 닮은 향기로운 삶이고 싶다.

향기로운 삶을 닮은 한국의 꽃담. 바로 그 안에서 오늘도 소통과 나눔의 삶을, 그리고 긍정의 철학을 배운다.

* 이 책은 방일영문화재단의 지원을 받아 저술 · 출판되었습니다.

차례

제3부 역사가 숨쉬는 꽃담

제4부 전주에서 꽃담을 만나다

제5부 꽃담, 흙으로 만든 한국의 마지막 문화유산

제1부

소통과 상생의 꽃담

보성 강골마을 소리샘
병산서원 달팽이 뒷간
영광 매간당고택 담장
장흥 김준경(녹천)

보성 강골마을 소리샘

전남 보성 강골마을에서 가장 크고 중심에 자리 잡은 이용욱 가옥의 솟을대문과 대문간채, 그리고 집을 빙 둘러싼 흙돌담이 우아하면서도 고풍스러운 맛을 보여 준다.

전남 보성군 득량면 강골길을 따라가다 '강동江洞마을' 표지석을 보고 운전대를 꺾어 들어가면 경전선 철길이 눈앞을 가로지르고, 여기서부터 강골(또는 강동)마을이 시작된다.

전체 30여 가구의 작은 산골 마을이지만, 국가민속문화재 가옥을 4채나 가진 유서 깊은 전통마을이다. 이용욱 가옥(국가민속문화재 제159호), 이식래 가옥(국가민속문화재 제160호), 이금재 가옥(국가민속문화재 제157호), 열화정(국가민속문화재 제162호) 등이 그것이다.

강골마을 고택의 뒷길로 접어들었다. 투박하게 쌓은 돌담과 작은 개울을 따라가자 열화정悅話亭에 다다른다. 예스러운 열화정은 강골마을의 공동소유다. 좁은 돌계단을 올라 일섭문日

열화정

涉門 앞에 섰다. 한자를 풀이하면 매일 걸어 들어가는 출입구라는 뜻이다. 작은 연못과 숲으로 싸인 요원한 정자가 배꼼 보인다. 열화정이다.

열화정은 조선 헌종 때 이진만이 후진양성을 위해 지은 정자로 1984년 중요민속자료 162호로 지정됐다. 마당 앞에는 연못을 비롯해 벚나무 · 목련나무 · 석류나무 · 대나무 등이 정원에 심어져 있어 아름다운 공간을 연출하며, 별다른 정원을 만들지 않았으나 주변의 숲과 잘 어울려 전통적인 한국 조경의 수법을 잘 간직하고 있다.

열화정은 이재 이진만李齋 李鎭晩이 이용욱 가옥을 짓고 10년

뒤인 1845년에 완성한 정자다. 1984년 국가민속문화재 제162호로 지정됐다. 이 마을의 우물은 아낙들의 수다장, 정자는 남정네의 회담장인 것 같다.

열화정은 '보성'의 지식이 꽃핀 장소다. 이곳에서 지역 지식인들의 열꽃 튄 토론이 발전해 이관회李貫會를 비롯해 이양래李陽來, 이웅래李雄來 등 의병 열사를 낳았다.

이진만은 1845년 쓴 '열화정기'에 열화정의 유래를 언급했다. 도연명陶淵明의 '귀거래사歸去來辭' 중 '悅親戚之情話, 園日涉以成趣(친척과 즐거운 담화를 나누고, 매일 정원을 거닐며 그 정취를 음미하다)'에서 따온 것이 열화정과 일섭문이다.

열화정의 ㄱ자형 연못 연못은 'ㄱ'자 형으로 열화정따라 만들어졌다. 연못은 열화정을 돋보이게 할 뿐만 아니라 포근하게 끌어안고 있다.

마당의 연못 주변에 꽃들이 흐드러지게 피었다. 그 사이 괴이한 돌도 보인다. 수국이 막 피기 시작했다. 정자와 잘 어울리는 배롱나무도 곧 꽃망울을 터트릴 듯 부풀어 올라 있다.

정자 맞은편 마을의 안산이 있고 그 산 너머가 오봉산이다. 과거 안산에 만휴정晩休亭이 있었다고는 하나, 지금은 그 자취만 남아 있다.

열화정이 있는 강골마을 또한 옛길 그대로인 S라인 고샅길과 100여 년이 넘은 한옥 가옥, 깊은 우물, 대나무 숲, 굴뚝,

툇마루 등이 잘 보존되어 있으며, 마을을 한 바퀴 돌고 나면 마치 타임머신을 타고 과거로 온 듯한 착각이 들만큼 전통의 멋이 간직된 곳이기도 하다.

마을에는 3채의 한옥과 정자가 국가 지정 중요민속자료가 있어 역사적 · 문화재적으로 가치가 높은 곳이며, 특히 인근에는 칼바위가 있는 오봉산과 용추폭포, 갯벌, 보성차밭 등이 있어 가족단위 여행객의 발길이 늘고 있다.

이용욱 · 이식래 · 이금재 가옥, 이 세 채는 떼려야 뗄 수 없는 관계다. 그 뿌리가 같기 때문이다. 문화재 지정 당시 주인장의 이름을 따서 이름이 정해졌다.

이 마을에서 가장 규모가 크고 아름다운 가옥은 마을 중심에 우뚝 선 이용욱 가옥이다. 이 가옥은 1835년 이용욱의 5대조인 이재 이진만이 지은 것으로 전해진다. 그러나 아쉽게도 이진만의 생몰 연대기는 정확하게 알려진 게 별로 없다. 부농이었을 뿐만 아니라 학식과 덕망이 상당히 높았을 것으로 추정된다.

사람이 사는 살림채에는 초가를 얹고 곡식을 보관하는 곳간채엔 기와를 얹은 이식래 가옥. 이용욱 가옥의 서쪽 담 하나를 사이에 두고 앉은 이식래 가옥은 1891년께 지은 것으로 추정되지만, 건축 주체는 명확히 알려지지 않았다.

이용욱 가옥과 동쪽 담을 경계로 들어선 이금재 가옥은

1,900년 전후에 건립된 것으로 추정되며 현재 이 집의 주인장인 이종관(68) 선생의 고조가 지은 것으로 알려졌다.

그러나 이 세 가옥 터의 원주인은 이진만이었다. 이진만은 아들 삼형제에게 집과 터를 나눠줬는데, 장남이 동학혁명에 연루돼 처형되는 변고 끝에 둘째 아들이 장손의 지위를 이어받아 이용욱 가옥을 물려받았다.

따라서 이용욱 가옥이 장손의 맥을 이어오고 있는 셈이다. 이식래 가옥은 셋째 아들의 후손들이 대를 이어오고 있다. 반면 이금재 가옥은 이종관 선생의 고조에게 팔려 지금에 이르고 있다.

집들은 전형적인 남도 가옥 형태를 띠고 있는데, 타지방 양반 종택과는 달리 잘 꾸며 놓은 인위적인 정원이 없는 게 특징이다. 대신 곡식을 쌓거나 말릴 수 있는 널찍한 마당과 곳간이 그 자리를 차지하고 있다

이용욱 가옥은 이 마을에서 유일하게 숙박할 수 있는 곳이다. 집 앞 넓은 연못과 연못가 느티나무 고목이 집의 내력을 깊게 한다.

솟을대문의 대문간채를 들어서면 부농답게 넓은 마당이 펼쳐져 있다. 대문간채는 정면 5칸이다. 두 칸 규모의 방이 있어 과거 빈객의 숫자가 얼마나 많았을지 가늠케 한다.

문간채 뒤로 사랑채, 안채, 곳간채, 별당(사당) 등으로 두루

구성된 사대부 집안의 전형적인 집 형태다.

이 집은 농사로 부자가 된 만큼, 넓은 사랑마당과 안마당, 그리고 사랑채보다 넓은 곳간채를 가지고 있다. 100여 년 전 마당 가득 곡식 낟가리를 쌓아 두고 풍년가를 부르며 밤새 탈곡하던 모습이 상상된다. 안뜰에는 절구통, 맷돌, 연자방아 등 곡식을 가공하는 도구들이 아무렇게나 놓여 있어 세월의 흔적

보성 강골마을 소리샘과 담장

을 보여 준다.

이 집의 종손은 이인재 씨지만, 지금은 그의 동생 이의재(63) 씨와 부인 서미라(59) 씨가 집을 지키고 있다. 이 씨는 6년 전 명예퇴직 후 형을 대신해 낙향했다. 20년간 방치돼 훼손이 심했던 집을 2년간 천신만고 끝에 수리해 지금의 모습을 갖췄다. 1년 6개월 전부터는 숙박업도 하고 있다. 대신 방 단위가 아닌 사랑채 · 별채 · 행랑채 등 채 단위로 방을 빌려주고 있어 일반인이 이용하기엔 부담이 큰 게 흠이다.

이용욱 가옥 담장 밖에 소리샘 우물이 있다. 이 집에서 놓치지 말아야 할 관전 포인트가 하나 있다.

바로 동쪽 담장 밖의 '소리샘' 우물. 담장에는 우물가 소리를 들을 수 있도록 네모 난 구멍이 있다. 이용욱 가옥과 이금래 가옥 담장에 둘러싸인 소리샘은 원래 이용욱 가옥 소유였지만, 마을에 식수가 귀해 마을 사람들을 위해 개방하고 담장 밖으로 냈다.

대신 네모 구멍을 통해 마을 대소사를 엿듣고 마을 원로회의를 통해 해결책을 모색하는 등 소리샘은 마을의 소통 창구 역할을 했다.

이식래 가옥은 초가 대문 너머로 너른 안마당을 사이에 두고 울창한 대숲에 둘러싸인 사랑채, 안채, 곳간채가 있다. 이 집은 안에 별다른 정원수가 없는데도 대숲의 일렁임과 서걱거

림 때문에 그윽한 느낌을 준다.

이식래 가옥의 장독대는 보물을 간직하듯 담장을 친 뒤 문간에 기와를 얹었다.

가장 큰 특징은 사람이 사는 살림채와 대문간채에는 초가를 얹고, 곡식을 보관하는 곳간채와 장독대 문간에는 기와를 얹었다는 점이다. 안마당 오른쪽에 장독대를 마련하고 문간에 기와를 올리고 별도의 담장까지 쳤다. 음식을 중히 여기는 남도의 특질을 여실히 보여 주는 대목이다.

우리 곁엔 상식을 훌쩍 뛰어넘는 담이 있다. 꽃담, 말부터 참 예쁘고 앙증스럽지 않나. 여러 무늬를 놓아 독특한 치장을 한 벽체나 합각, 굴뚝, 담장의 통칭을 꽃담이라고 부른다.

꽃담은 집주인의 성품을 고스란히 드러내는가 하면 지나가는 나그네들을 기꺼이 받아들여 초청을 한다.

'여기는 내 땅이야', '타인 출입금지' 식의 엄포가 전혀 없다.

질박하면 질박한대로, 화려하며 화려한 대로 여유와 만족을 아는 꽃담을 보면 흙이 내뿜는 좋은 기운과 당신을 생각하곤 한다. 대한민국의 (전통)꽃담은 곡선으로 쌓는 게 정석이다. 삐뚤빼뚤하게 꾸미는 게 아니라 완만하게 곡선을 이루는데, 직선으로 쌓지 못해서가 아니다. 그래서 꽃담은 숨어있는 조상들의 지혜와 여유의 산물이다.

꽃담은 '반 발걸음을 쌓지 않으면 천리에 이르지 못할 것이요', '적게 흐르는 물이 모이지 않으면 강하를 이루지 못할 것' 이라고 말한 순자처럼 살다가라 한다. 또, 한 움큼의 배추 속 같은 하얀 마음을 타인들 앞에 활짝 열 수 있게 끔 한울타리 공동체를 지향한다.

부디 소원하건대, 서로 엇갈리는 두 마음을 갖지 말라 하고, 참을 인忍자 셋이면 살인도 면하게 한다는 삶을 좌우명으로 제시한다.

4자는 죽을 사死가 아닌, 일 사事, 사례할 사謝, 섬길 사仕로 해석하면서 긍정적 사고를 낳게 했으며, 달덩이처럼 큰 미소와 함께 찰진 눈웃음을 머물게 하는 힘을 가져다준다.

서양에 악당을 물리치는 독수리5형제가 있다면 백의민족은 5부자가 오순도순 콩 한 조각도 나눠 먹으며, 정에 죽고 의리에 사는 세상사를 실천해 차라리 눈물겹다.

6월이라 유둣날에 3현6각, 3정승6판서의 이치마냥 3과 3의 배수인 6의 결합으로 행복 바이러스를 언제나 소원했다.

일곱 색깔의 고운 무지개를 맘속에 새겨놓고 견우직녀의 상봉과 그 애절한 사랑을 영원히 노래하라. 8월 한가위를 맞아 9988234, 99세까지 88하게 살다가 2~3일 앓다가 저승에 갈 수 있도록 정화수를 떠놓고 '달~아 달~아 밝은 ~달아!'의 항아님에게 무병장수를 기원했다.

음력 9월 9일, 중양절, 중구절에는 국화주가 좋을시구. 삼천

강골마을의 우물터

리 방방곡곡마다 푸진 잔칫상을 베푸는 한편 아홉 번 구운 죽염을 한 모금 입 속에 털어 넣을 양이면 피폐해진 몸 추스리는 명약이 따로 없다.

봄이 오면 담쟁이덩쿨이 휘감고 가을이 오면 빨간 홍시와 낙엽으로 수를 놓았던 꽃담이 시멘트 담과 아파트 스카이라인에 밀려 하나둘씩 밀리면서 세상이 각박한지도 모른다.

우리의 삶이 더 추락하고 황폐하기 전, 꽃담 닮은 향기로운 삶이고 싶다.

늘 꽃담으로 향하는 길목에서 반 반자 쉬어가는 여유를 배우며, 한 박자 건너가는 마음을 통해 가슴에 쌓인 원한과 저린 기억마저도 저 멀리 몰아낼 수 있는 자신감을 충전하곤 한다.

애써 서두르지 않고 한 뼘의 여유를 지닌 채 세상의 파고를 무사히 뛰어넘을 수 있도록 님 오시는 길목에 나지막한 화초담 하나 쌓으며 다운 시프트로, 슬로 시티로, 앙증맞은 굴뚝 하나, 바자울 살창 하나 곁에 두고 살고 싶은 마음 간절하다.

이 꽃담, 저 꽃담은 버림은 소유의 끄트머리가 아닌, 무소유의 아름다운 절정이라고 나지막하게 속삭인다.

고기는 씹어야 제 맛이며, 흙은 자꾸 밟아주어야 기운이 생기며, 꽃담은 자꾸 눈길을 주어야 기분이 좋게 된다는 생각을 하는 오늘에서는.

'한 돌 두 돌 세 돌, 징검징검, 띄엄띄엄' 쪽빛 한쪽을 벗 삼아 꽃담 길을 걷노라면, 얼굴을 반쯤 내민 해바라기, 능소화는 정겨운 친구.

바로 그 돌담길을 휘감고 내뻗은 덩굴들은 느릿느릿, 여여如如히, 내 삶의 슬로시티. 삼백예순다섯 날, 모두가 꽃담처럼 방실방실 웃으며 살았으면 참 좋겠다.

'하늘 닮은' 당신
'하늘 담은' 마음

을 가진 이 땅의 모든 당신들, 아주 많이 많이 사랑한다.

안동 병산서원 달팽이 뒷간

하얗게 늘어진 길이 뱀의 등처럼 휘었다. 햇살이 팽팽한 길을 따라 우거진 숲속으로 짝을 찾는 여름매미가 자지러진다. 헌털뱅이 버스가 꼬리에 먼지를 물면 따라가고 싶은 길이다.

병산서원

풀썩거리는 뽀얀 먼지를 들이마시고 싸하게 풍기는 기름 냄새가 좋아 무작정 뒤를 따르고 싶은 것이다. 허방에 발을 헛디뎌 무릎이 깨져도 아프지 않다.

오랜만에 만나는 흙먼지 날리는 비포장도로다. 단발머리 소녀가 책보자기를 허리에 동여 메고 깡충깡충 뛰어가는 길 같다. 옛 추억을 소환하는 아련한 길, 승용차로 흔들흔들 3㎞남짓한 거리에 목적지 병산서원이 있다.

영남의 서원은 낙동강으로 흐른다. 퇴계선생이 심신의 안식처로 찾았던 청량산에서, 도산서원 앞으로, 병산서원 하회마을 부용대를 굽이돌아, 남으로 흘러 도동서원을 지난다.

남명의 덕천서원 산천재 냇물은 남강으로 삼랑진에서 낙동강을 만난다. 영남의 성리학은 낙동강을 중심으로 낙중落中, 강동江東, 강서江西 학파로 일컫기도 한다.

퇴계선생의 가르침을 받은 류성룡, 김성일, 정구 등 유학자들의 문맥으로 영남학파가 성립했다. 한강 정구는 김굉필을 제향하는 '도동서원'을 건립하고, 서애 류성룡을 제향하는 '병산서원', 징비록의 산실 '옥연정사'가 그 흔적이며, 학봉 김성일을 바로 알리는 '학봉역사문화공원'이 지난해 조성됐다.

병산서원의 전경을 보기위해 하회구곡 중 제1곡인 병산을 오른다. 병산은 병산서원 맞은편에 위치한 병풍처럼 펼쳐진 산이다. 초입은 상당히 험난하여 과거에는 네발로 기다시피

했지만 현재는 나무데크가 설치되어 한결 수월하게 오른다.

전망대에는 편안하게 쉬어갈수 있도록 간이의자도 서넛 설치되어 있다. 발아래로 낙동강이 유유히 흐르는 너머로 병산서원이 붉게 흐드러진 배롱나무를 거느려 그림처럼 펼쳐져 있다. 여름을 고스란히 품은 물빛이 진녹색으로 푸르고 새하얀 백사장을 거니는 연인들의 모습이 꿈결인양 싶다.

병산서원의 가장 큰 특징은 빼어난 자연 경관과 조화를 이루는 건축미이다. 서원 앞으로 낙동강이 유유히 흐르고, 뒤로는 병산이 우뚝 서 있어 그야말로 절경을 자랑한다.

만대루라는 누각에서 바라보는 풍경은 압권이다. 기둥 사이로 보이는 낙동강과 병산의 모습이 한 폭의 그림 같다. 이 아름다운 경관 때문에 '한국에서 가장 아름다운 서원'으로 불리기도 한다.

병산서원은 건축학적으로도 가치가 높다. 자연 지형을 최대한 살려 건축한 것이 특징이다. 이는 자연과 인간이 조화를 이루는 유교의 가르침을 실천한 것이라고 볼 수 있다.

애초의 병산서원은 하회마을 서당(고려시대 풍악서당)에서 출발했다. 선조 5년(1572년)에 류성룡이 이곳으로 옮겨와 병산서당으로 개칭(1614년)하여 제자들을 양성, 철종 14년(1863년) 사액賜額서원으로 승격했으며, 대원군의 서원 철폐에 살아남은 47개 서원 중 하나로 오늘에 이르렀다.

2019년 7월, 병산서원을 포함한 9개 서원이 유네스코 세계문화유산 '한국의 서원'에 등재됐다. 병산서원은 2010년 '한국의 역사마을'(2010년)과 함께 유네스코 2관왕에 올랐다.

병산서원은 한자로 屛山書院이라고 표기한다. 여기서 '병산屛山'은 병풍처럼 둘러싸인 산이라는 뜻이고, 서원書院은 유교 교육기관을 의미한다. 따라서 병산서원은 병풍처럼 둘러싸인 산 아래에 위치한 유교 교육기관을 뜻한다.

실제로 서원 앞에는 노송들과 백사장이 펼쳐져 있으며, 낙동강을 사이에 두고 병풍屛風을 펼쳐놓은 듯한 병산屛山이 있다.

병산서원

병산서원으로 가는 초입은 여전히 흙길이다. 좁은 비포장도로를 달리며 낙동강을 따라 몇 굽이 휘돌아 가면 고요히 숨은 서원을 만난다. 초가을에 찾은 병산서원은 배롱나무꽃 천지였다. 입구부터 해사한 배롱나무꽃에 빼앗긴 마음을 간신히 추스르고 복례문으로 들어선다. 나지막한 솟을삼문이다. 명성에 걸맞게 크고 화려한 문이 아니라 몸을 낮추고 자연에 엎드린 모습이다.

병산서원을 방문하면 첫 번째로 맞는 문이 복례문復禮門이다.

예를 다시 갖춘다는 문으로 논어 안연 편에 나온다.

제자 안연이 공자에게 인仁이 무엇입니까? 묻자 인은 극기복례克己復禮라고 대답한다. 즉 '나를 극복하여 예로 돌아가는 것' 그것이 '인'이라는 말에서 따 온 것이다.

복례문 안쪽의 양쪽 시렁에는 옛날 사대부들이 타고 다니던 사인교가 각각 3개, 2개로 나뉘어 얹혀있다. 한때는 지체 높은 양반들을 태워 꽤나 대접을 받았지만 현재는 세월에 밀려 옛 영화는 가뭇없이 사라지고 조용히 사위어가고 있다.

자기를 낮추고 예로 돌아가는 것이 곧 인이다'라는 복례의 뜻을 새기고 들어서면 그 유명한 만대루가 보인다. 누마루를 떠받드는 기둥은 휜 나무를 그대로 썼고, 주춧돌은 다듬지 않은 투박한 돌이다. 인공의 냄새를 지운 건축 의도 때문일까.

병산서원 만대루 내부

사람이 지은 것이 아니라 자연의 일부인양 느껴진다.

2층 마루로 오르는 계단은 거대한 통나무를 깎아 만들었다. 만대루는 현재 보수 중이라 올라갈 수 없지만, 그 진면목이 가장 잘 보이는 자리가 있다.

서원의 중심인 입교당 마루에 앉으면 만대루가 한눈에 잡힌다. 순간 감탄사가 절로 나온다. 기둥과 기둥 사이로 강이 흐르고, 병산의 푸른 절벽이 병풍처럼 펼쳐진다. 만대루를 자세히 보면 거창한 것이라곤 하나도 없다. 위아래 기둥만 휑하다. 자연을 즐기는 데 방해하는 요소를 최소화했다.

흔한 5칸 누각보다 2칸 넓게 7칸을 세워서 건물 안으로 강과 산을 2폭 더 끌어들였다. 만대루는 당나라 시인 두보의 시구 '취병의만대翠屛宜晩對'에서 따왔다고 한다. '푸른 절벽은 오후

늦게 대할 만하다'라는 뜻이다. 늦은 오후까지 바라봐도 지루하지 않은 걸작에 꼭 맞는 이름이다.

입교당은 '가르침을 바로 세우다'라는 의미가 있는 강당이다. 입교당 양쪽으로 유생이 기거하는 동재와 서재가 마주 보고 있다.

동재에는 상급생이, 서재에는 하급생이 머물렀다 한다. 입교당과 동재 사이로 돌아 뒤쪽으로 몇 걸음 옮기는 순간, 입이 떡 벌어진다. 배롱나무꽃이 하늘을 가린 채 꽃그늘을 드리웠다. 병산서원은 여름부터 초가을까지 전국 사진작가들이 모여들 만큼 배롱나무꽃으로 유명하다.

보호수로 지정된 6그루를 포함해 모두 120여 그루가 붉은 꽃을 피운다. 약 400년 자란 보호수가 있는 곳은 존덕사 앞과 전사청 주변이다. '서애의 학문과 덕을 우러르는' 존덕사, 배롱나무꽃에서 짙은 기품이 느껴지는 이유다.

배롱나무꽃이 붉은 것은 마치 임진왜란 때 나라를 구하느라 온몸을 다 바친 서애 선생의 붉고 붉은 일편단심을 상징하는 듯하다. 왜적을 맞아 전쟁을 지휘하고 백성을 돌본 선생의 붉은 마음이 꽃으로 피어났다고 할 수 있다.

척박하고 열악한 환경 속에서 의연히 피어있는 야생화.

온실 속의 화초는 바람이 불거나 비가 오면 꽃잎이 떨어지고 꽃대가 꺾이겠지만 하늘과 땅의 경쟁 속에서 피어난 들꽃은 스스로 견디는 법을 터득하며 나름대로 종족 번식을 한다.

'저 덤불속에서도 꽃을 피우고 허공을 환하게 밝히는 꽃도 있는데 너는 얼마나 빈약한 존재이냐, 저 꽃에게 부끄럽지도 않느냐' 하는 질책이 가슴 한쪽에서 일어난다.

패랭이꽃에 애착이 가고 사랑스럽다. 초라한 듯 단아하며 여린 듯 단단한 줄기. 어떤 환경 속에서도 당당히 꽃을 피우는 그 꽃의 꽃말이 '언제나 사랑'이다.

바위에서 피는 대나무를 닮은 꽃이라 하여 석죽이라고도 한다. 오늘도 패랭이꽃을 보면 기쁘고 느슨해지던 마음이 단단해진다. 그 드넓은 야생에서도 꽃이 피는 곳은 따로 있다. 내 발길 닿는 곳에서 기다려 피어주는 게 아니다. 들꽃의 매력인 셈이다.

바람은 야생화가 살아있음을 느끼게 하며, 한 곳에 머물지 않는다. 이곳에서 저곳으로 정처 없이 세상을 돌아다닌다.

바람처럼 한 곳에 머물지 않고, 집착하지 않고 살고 싶다는 생각을 한다. 바람은 계속 움직이지 않으면, 스스로 변화하지 않으면 사라진다. 죽는다.

가벼운 산들바람부터 거센 폭풍까지 바람도 가지가지이지만, 끊임없이 자기를 부정하지 않으면 사라진다는 것은 같다. 그래서 바람은 물과 다르다. 한곳에 머물지 않으니 잡히질 않는다. 갈 곳이 없어도 길을 떠난다.

계절을 가둬두려는 마음은 잔인하다. 흘러가는 강물과 날아가는 바람의 속성은 정박이 아닌 떠남이다. 바람아! 너는 어차피 머물 곳이 없지 않느냐.

'내 숨결이 바람이 될 때 모든 살아 있는 생명들의 숨결을 위하여 한 줄기 바람이 되어라'

결국, 어디 머무는 바 없이 마음을 쓰는 삶(無所住而生其心 – 금강경)이 되어야 한다. 모든 생명 있는 것들을 살려내고 또 생명을 불어넣어 주지만 아무 것도 바라는 것 없는 바람처럼 살아가라고 한다.

오늘같이 바람 부는 날이면, 모든 나무와 풀잎들이 몸을 낮추어 그 바람의 기운을 받아 생명을 가다듬어가듯, 나도 그 가르침을 받아들여 영혼이 한층 더 순수하고 자유로워지길 기대해 본다.

삼백예순날 서책을 볼 수 있어 무수히 많은 날들을 불면의 밤을 보내면서 살아있음에 무한한 행복과 감사를 느낀다. 나 살아있지, 지금 코끝에서 바람이 느껴진다.

정진규 시인은 '별'이라는 시에서 '별들의 바탕은 어둠이 마땅하다'고 노래했다.

그리고 '지금 대낮인 사람들은/ 별들이 보이지 않는다/ 지금 어둠인 사람들에게만/ 별들이 보인다'고 했다. 별은 어둠이 깊을수록 더욱 빛난다는 의미이다.

별

정진규

별들의 바탕은 어둠이 마땅하다
대낮에는 보이지 않는다
지금 대낮인 사람들은
별들이 보이지 않는다
지금 어둠인 사람들에게만
별들이 보인다
지금 어둠인 사람들만
별들을 낳을 수 있다
지금 대낮인 사람들은 어둡다

별들의 바탕인 우주는 실제로 어둡다. 별들의 바탕은 어둠이 마땅하다. 어둠이 깊을수록 꿈의 질량도 그만큼 늘어난다.

비록 '소매를 붙잡고 놓지 못하는 안타까운 이별'의 '몌별袂別'에 놓인 상황 앞이지만 오늘밤에도 빛과 어둠 사이로 뭇별이 떠오르고, 내 마음속 은하마다 수많은 꿈들이 피어날 것 같기만 하다.

진흙탕 속에서도 누군가는 별을 봅니다. 별은 언제나 어둠을 먹고 자란다.

입교당의 동쪽 편 쪽문을 나서자 안내판에 '달팽이 모양의 뒷간(요즘의 화장실)'이라는 건물을 마주한다. 유생들을 돕던 일꾼들이 사용하던 곳이다. 문도, 지붕도 없이 돌담을 둥글데 감아서 만들었다. 하지만 담장의 한쪽 끝이 다른 한 쪽 끝을 가리게끔 되어 있어서 바깥에서는 안쪽이 보이지 않은 특이한 구조다.

달팽이 모양의 뒷간은 옛날 일꾼들이 사용했다고 한다.

겨울철의 그믐밤이면 할머니는 토째비(도깨비의 방언)이야기를 하셨다. 무섭다고 이불 밑에서 웅송그려 듣는데 아랫배가 싸늘하다. 형아 손을 잡고 들린 통시(변소의 방언)에 쪼그려 앉았는데 머리에 방망이를 든 토째비가 들었다.

"형아 있제! 형아 가면 안 돼" 하던 아이가 달팽이 속에서 금방이라도 걸어 나올 것만 같다.

병산서원 달팽이 뒷간

영광 매간당고택 담장

영광군이 자랑하는 대표 관광지인 국가민속문화유산 영광 매간당 고택靈光 梅磵堂 古宅 옆 수국동산이 장마철을 앞두고 형형색색 만개해 지역 주민과 관광객들의 호응을 얻고 있다.

풍수지리상 '매화꽃이 떨어지는 형국' 또는 '학 형국'이라고 일컬어지는 길지吉地에 넓게 자리잡은 북향집으로 연안 김씨의 종가이다. 고종 5년(1868)에 지었으며, 아래채는 1942년에 지었다.

2.5ha 규모로 조성한 수국동산엔 수국 4만 여 본이 만개해 장관을 이루면서 방문객을 맞이하고 있다.

수국은 본격적인 장마가 시작되기 전, 계절의 변화를 알리는 여름 대표 꽃으로 알려져 있는 만큼 '여름의 전령사'라는 의미도 더하고 있다.

산책로를 따라 걷다 보면 곳곳에 마련된 포토존에서 수국을 배경으로 특별한 사진을 남길 수 있으며 고택의 고풍스러운

영광 매간당고택

분위기와 어우러져 깊은 정취를 느낄 수 있다.

매간당 고택은 현존하는 가장 큰 종갓집으로 규모는 125칸이어서 옛 종갓집에 관심이 있는 사람들의 발길이 이어지고 있다.

또한 매간당 고택 방문 이후 차량으로 10분 거리에 위치한 영광 물무산 맨발황톳길을 함께 둘러보는 코스도 추천할 만하다.

길이 2㎞의 황톳길은 맨발로 걸으며 건강과 치유를 동시에 누릴 수 있는 대표 관광지로 수국동산과 연계 방문 시 자연 속 쉼과 여유를 더할 수 있다.

합각(3효)

집 안으로 통하는 출입문이 두 칸이다. 오른쪽 작은 문이 평소 일반인들이 이용했던 문이다. 폭이 넓은 왼쪽 문은 지체 높은 어른이 가마를 타고 드나들 때만 열렸다고 한다.

대문을 받치는 기둥도 멋스럽다. 휘어진 아름드리 소나무를 다듬지 않고 그대로 썼다.

문설주 위를 가로지르는 나무는 위로 휘어있다. 가마의 출입을 용이하게 하려고 일부러 휘어진 나무를 사용한 듯하다. 매간당 고택에 스민 이야기도 흥미롭다.

대문에서부터 특별한 인상을 풍기는 매간당 고택은 연안 김씨 직강공파의 종택이다.

16세기 중엽 김영金榮이 영광군수로 부임하는 숙부 김세공을 따라 이곳에 오면서 연안 김씨 직강공파 집안이 이곳에 정착하게 됐다.

고택의 출발은 작은 초가였다. 현재 사당이 있는 자리가 대나무 밭이었고 그 안에 초가 한 채가 있었다고 한다.

김함(1760~1832)과 그의 며느리가 근검절약하며 길쌈으로 큰부를 쌓으면서 가난했던 집안이 부흥해 대지주가 됐다고 한다. 현재의 고택은 김함의 손자인 매간당 김사형(1830~1909)이 이때 지었다. 안채 상량문에 집을 지은 날짜가 적혀 있다. '매간당 고택'으로 이름 붙은 이유다. 집도 옛 모습을 간직하고 보존이 잘 돼 있다는 평을 받고 있다.

규모도 크다.

가장 눈에 띄는 게 삼효문이다. 겹처마에 팔작지붕을 한 대문이다. 네 개의 기둥 위에 세 개의 정려를 올렸다. 대문과 정려를 함께 둔 2층 모양의 누각이다. 전국에서도 유일한 것으로 알려져 있다. 대문의 기둥도 다듬지 않은 아름드리나무를 그대로 썼다. 자연미가 묻어난다.

2층은 알루미늄 새시로 둘러싸여 있다. 비바람으로부터 보호하기 위한 고육책이다. 안에 '三孝門(삼효문)' 현판이 걸려 있다. 연안김씨 집안의 효자 김진(1599~1680), 김재명(1738~1778), 김함(1760~1832)의 효를 기리고 있다. 현판 글씨는 흥선대원군의 큰아들 이재면이 썼다.

김진은 70살에 색동옷을 입고 부모를 즐겁게 했고, 부모상 땐 3년간 죽으로 연명했다고 전한다. 김재명도 부모상 때 시묘살이를 했다. 그의 효성에 호랑이도 감복했다는 전설이 전해진다. 김함은 한겨울에 두꺼비를 구해 부모 병을 구했다고 한다.

'삼효문'이라고 적힌 현판에서 미뤄 짐작할 수 있듯 이 집안은 나라에서 인정하는 효자를 세 명이나 냈다.

하늘을 감동시킬 정도의 효자라야 받을 수 있다는 효자상을 3대에 걸쳐 받았다니 집안의 큰 자랑이 아닐 수 없다.

김진은 일흔에 가까운 고령에도 색동옷을 입고 재롱을 부리며 부모를 즐겁게 했다는 이야기가 실록에 전해진다. 부모상을 당하자 3년간 죽으로 연명하며 시묘살이를 했다고 한다.

김재명 역시 부모상을 당한 뒤 시묘살이를 했다. 그의 효심에 감복한 호랑이가 매일 밤 나타나 시묘살이하는 그를 다른 짐승들로부터 지켜줬다는 전설이 내려온다.

김재명의 아들인 김함은 한겨울에 두꺼비를 구해 아버지의 병을 낫게 했다고 한다.

솟을대문 위에 올려 진 누각은 이들의 효행을 기리기 위해 고종이 내린 '정려'다. 보통 동네 어귀에 세웠던 정려를 솟을대문 위에 세운 것도 독특하다.

'삼효문'이라는 현판 글씨는 고종의 이복형이자 흥선대원군의 첫째 아들인 이재면이 쓴 것이라고 한다.

대문은 집안의 전망대이기도 하다. 마을에서 가장 높은 자리다. 누렇게 채색되고 있는 마을 앞 들판이 한눈에 내려다보인다. 다른 쪽으로는 집안이 보인다. 집안은 뒷산을 배경으로 두르고 북쪽을 향하고 있다.

고택은 사랑채와 안채, 중문채와 아래채, 서당, 사당, 곳간채, 마굿간 등으로 이뤄져 있다. 사랑채 앞에 정원이 있다. 7칸 사랑채는 1898년에 지어졌다. 매간당梅澗堂, 익수재益壽齋, 구간재龜澗齋 3개의 현판이 걸려 있다.

매간당은 김사형, 익수재는 김혁기, 구간재는 김종관의 호다. 집과 주인이 '한 몸'이다. 매간당은 산속 매화를 가리킨다. 소박하지만 지조 지키며 살겠다는 뜻을 담고 있다. 익수재는 나이 들수록 더 밝고 건강하게, 구간재엔 거북이처럼 매사 신중하게 행동한다는 의미가 담겨 있다.

서당도 독특하다. 대청을 가운데에 두고 동재와 서재로 이뤄졌다. 동재는 어린이, 서재는 어른들 공부방이다.

바닥에 온돌을 깔았다. 대청마루에 주먹만한 크기로 움푹 들어간 '물벼루'도 별나다. 물을 담아두고 붓끝에 찍어 마룻바닥에 글을 쓰고, 그림을 그리는 데 쓰였다. 종이가 귀하던 시절 이야기다. 서당 앞 연못에 반영돼 비치는 가을 하늘도 아름

매간당 꽃담

답다.

서당채도 별나다. 대청 양쪽으로 동재와 서재를 두고 있다. 바닥에는 온돌이 깔렸다. 향교에나 있던 구조다. 집안의 자제와 마을 학동들의 공부방으로 쓰였다. 서당채 마룻바닥에 조그맣게 파인 물벼루도 눈길을 끈다. 먹을 갈아 쓰는 먹벼루가 아니다. 마룻바닥을 활용한 벼루다.

옛날에 오랫동안 책을 보던 선비들의 발목 복숭아뼈에 눌려 파였다는 전설 같은 이야기가 전해지는 자국이다. 마루에서 심심풀이로 구슬치기를 한 흔적이라는 얘기도 있다.

하지만 아니다. 여기에다 물을 담아두고 붓끝에 물을 찍어서 마룻바닥에 글을 썼다. 난초도 그렸다. 선비들이 마룻바닥을 종이 삼아 글을 쓰고 그림을 그린 흔적이다. 종이가 귀하던 시절의 이야기다.

조상을 모신 사당도 뒤편 경사진 곳에 그대로 있다.

고택의 자존심이다. 중문채를 지나 만나는 ㄷ자 모양 안채도 멋스럽다. 안채는 큰방, 정지, 정지방, 대청, 작은방으로 이뤄져 있다. 큰방은 안방마님의 생활공간이다. 맏며느리의 출산이 허락되는 방이다. 하지만 지금 보수공사를 하고 있다.

一자 모양의 아래채, 민가에서 보기 드문 목욕간도 있다. 뒤뜰 담장 밖에 호지집도 있다. 옛날에 집안일을 돕는 사람이 살던 집이다. 고택의 넉넉한 살림살이를 짐작할 수 있다.

지체 높은 어른들만 드나들었다는 커다란 대문을 넘어 집안으로 들어섰다. 아궁이에 장작불 지피는 구수한 연기가 마당 안에 가득하다.

오랜만에 하룻밤 묵어갈 손님들을 맞은 고택은 그 어느 때보다 분주한 모습이었다.

중요민속문화재 제234호인 이 고택은 일반인들이 언제든 숙박할 수 있는 곳은 아니다. 하지만 올해에는 영광군이 주최하는 고택 체험 프로그램을 통해 미리 신청한 일반인들에게 하룻밤 묵어볼 기회를 제공하고 있다.

고택 체험의 하이라이트는 역시 '고택의 밤'이다. 스무 명 남짓한 청중이 서당에 옹기종기 모여 앉았다.

양쪽 방문을 여니 제법 널찍한 무대가 만들어졌다. 서당 마루를 환하게 비추는 달빛 아래 아쟁과 가야금, 판소리 가락이 울려 퍼진다.

평소 접하기 힘든 거문고도 등장했다. 가냘픈 가야금과 달리 낮고 깊게 울려 퍼지는 소리가 매력적이다.

분위기가 무르익자 쭈뼛쭈뼛했던 청중들도 어느새 흥에 겨워 어깨를 들썩인다. 소리꾼이 뽑아내는 춘향가 가락에 '얼쑤~', '좋다~' 추임새가 절로 나온다.

매간당 꽃담

미지근했던 방바닥이 어느새 뜨끈 달아올랐다.

삼효라고 새겨진 2층 정려문 합각부가 특이하다. 가매간당의 옛 담장 모습도 소박하니 멋스럽네요.

고택 돌담을 따라 만나는 숲길 산책도 여유를 선사한다. 숲에는 소나무와 대나무가 어우러져 있다. 나무의 두 가지가 붙은 연리지도 애틋하다. 길섶은 지난 여름 수국으로 화사했던 꽃길이다.

다른 사람과의 접촉을 피하며 여행을 즐길 수 있는 곳으로 간다. 장맛비가 주룩주룩 내리는 날이다. 옛집의 마루에 앉아서 내리는 비를 보고, 처마 끝을 타고 내리는 빗물 풍경을 그려본다. 운치도 있고, 감성도 채워 줄 것 같다. 찾는 발길도 거의 없는, 언제라도 고즈넉한 영광 매간당 고택이다.

장흥 김준경(녹천) 생가

한강 작가가 지난 2024년 10월 10일 노벨문학상을 수상했다. 한 작가의 실질적 고향인 장흥이 새롭게 주목받고 있다.

한 작가는 광주에서 태어나 유년시절을 광주에서 보내고 서울에서 생활했지만, 작가가 된 후 아버지의 고향인 장흥에 내려와 생활하면서 글을 집필한 것으로 알려졌다. 정신적 고향인 셈이다.

장흥은 우리나라 현대문학의 거장으로 손꼽히는 장흥 회진 진목마을 출신 이청준과 신상마을 출신 한강 작가의 아버지 한승원(이청준과 한승원은 동갑내기 동무다)뿐 아니라 녹두장군의 송기숙, 아동문학가 김녹촌, 시조 문학가 김제현을 비롯 2021년 이상문학상을 수상한 이승우 작가까지 내로라하는 문인들을 배출한 남도문학의 산실이자 대한민국 문인들의 요람이다.

문단에 이름을 알린 근·현대 장흥 출신 문인들의 숫자만 8~90여 명에 이를 정도로 많다. 장흥이 이처럼 문인들을 많이

장흥 김준경(녹천) 생가와 꽃담

배출한 배경에는 조선 중기 기봉 백광홍 선생에게서 그 뿌리를 찾을 수 있다.

■ 기봉 백광홍(1522~1556)

조선 중기의 문인으로 본관은 해미海美. 자는 대유大裕, 호는 기봉岐峯. 아버지는 세인世仁이며 어머니는 광산 김씨로 첨정僉正 광통廣通의 딸이다. 아우 광안光顔과 광훈光勳 및 종제 광성光城 등 한 집안 4형제가 모두 문장으로 칭송받았다.

1522년(중종 17) 전라도 장흥 사자산 아래의 기산岐山 마을에서 태어났다. 어려서는 태어난 곳의 '봉명재鳳鳴齋'라는 서당에서 수업했고, 후에 시산(詩山, 지금의 태인)에 있던 이항李恒에게 가서 공부했다. 이 무렵에 신잠申潛과 교유하면서 학문과 철학을 논했다.

1549년(명종 4) 28세로 사마양시司馬兩試에 합격하고, 1552년(명종 7)식년 문과에 을과로 급제했다. 홍문관정자로 임명되고, 1553년(명종 8) 시부회時賦會에서 장원해 선시십권選詩十卷을 상으로 받고 호당湖堂에 뽑혔다. 그 뒤 1555년(명종 10) 봄에 평안도평사가 돼 관서지방의 절경과 생활상 · 자연풍물 등을 읊은 기행가사紀行歌辭인 '관서별곡關西別曲'을 지었다.

그의 '관서별곡'은 정철이 지은 가사 '관동별곡'보다 25년이나 앞서 지은 작품으로 기행가사의 효시가 돼 후대에 많은 영향을 끼쳤다고 평가된다. '관서별곡'은 평안도평사의 벼슬을 제수 받고, 관서지방을 향해 출발하는 것부터 부임지를 순시하기까지의 기행 노정을 운치 있게 그려낸 것으로, 국문학사적으로 매우 중요한 가치가 지니고 있는 작품이다.

■ 옥봉 백광훈(玉峰 白光勳, 1537~1582)

기봉 백광홍의 아우다. 사암 박순의 문인으로 당나라의 시풍에 정통했다는 것이 정설이다.

'삼당시인'의 한 사람으로 '옥봉집'을 저술한 시인이다. 자는 창경彰卿, 호는 옥봉玉峯이다. 백광훈은 이산해李山海, 최립崔岦 등과 더불어 팔문장八文章의 칭호를 받았고, 글씨에도 일가一家를 이뤘으며, 송시宋詩의 풍조를 버리고 당시唐詩를 따르며 16세기 조선 문단의 시풍詩風을 혁신했다.

선조 5년(1572)에 백광훈은 포의(布衣, 벼슬 없는 선비)인데도 제술관製述官에 발탁돼, 명나라 사신을 글로 접대할 정도로 뛰어난 문인이었다.

삼당시인 가운데 남은 작품 수가 가장 많으며, 제일 먼저 시집이 출간돼 문인들에게 많은 영향을 미쳤다. 또한 그는 16세기 문학을 주도했다고 평가된다. 그는 우리말의 다양한 어조와 어감, 어기, 어투 그리고 다양한 문맥적 변주의 시상으로 한시 작품을 완성하고자 노력한 시인이었다.

■ 존재 위백규(1727(영조 3)~1798(정조 22))

조선 후기의 실학자. 본관은 장흥長興. 자는 자화子華, 호는 존재存齋 · 계항桂巷 · 계항거사桂巷居士. 장흥 출신. 할아버지는 세보世宝이며, 아버지는 진사 문덕文德이다.

처음에 증조부에게 수학했으나 유년기를 지난 뒤에는 자수면업自修勉業했다. 어려서부터 제가서諸家書를 탐독해 학문적 자

장흥 김준경(녹천) 생가

세를 굳힌 그는 향리의 장천재(長川齋: 장흥의 관산면 방촌리)에 기거하면서 면학과 교화의 일익을 담당했고, 1750년(영조 26) 학행으로 향천鄕薦을 받기도 했다.

경전의 이해나 심성론 · 이기론에서는 전통 성리학자와 크게 다르지 않지만 '정현신보政鉉新譜'나 봉사류奉事類에서 당시의 현실을 세세하고 적나라하게 비판하고 있어 실학자적 면모를 여실히 보여준다.

그의 주장에서 특히 주목되는 것은 향촌사회 개선론이라 할 수 있다. 첫째 지방 교육 개선을 통해 향촌 질서의 유지와 교화뿐만 아니라 관리 선발, 지방 관리의 경제 기능까지도 담당할 것을 주장했다.

둘째 정치 기강의 해이와 이에 따라 도탄에 빠진 민생을 구제하기 위해서 관제 축소, 향촌의 자율적 공평 부세론, 지방 관리 선도책 등을 구상하고, 셋째 견실한 향촌 방위 체제를 주장한 점이다.

이밖에 조선시대 장흥 출신 문인으로 수우옹 위세직(1655~1556), 청사 노명선(1707~1775), 지지재 이상계(1758~1822), 우곡 이중전(1825~1893), 겸재 문계태(1875~1955) 등이 있다.

-현대 이후-

■ 이청준(李淸俊, 1939년 8월 9일~2008년 7월 31일)

장흥 회진면 진목리에서 출생했으며 광주제일고등학교를 거쳐 서울대학교 문리과대학 독어독문학과를 나왔다. 1966년 서울대를 나온 후 '사상계'에 입사했다가 1967년 '여원'사로 이직했으며 1971년에는 '월간 지성' 창간에 참여했다.

한편 그는 1968년 10월에 남경자와 혼인해 13년 후 1981년에 외동딸 이은지를 득녀했다.

1965년 '사상계' 신인 작품 모집에 단편 소설 '퇴원退院' 이 당선돼 문단에 나왔고, 이후 단편 '임부姙婦', '줄', '무서운 토요

일', '굴레' 등을 발표해 작가의 기반을 확고히 다졌다.

1968년 '병신과 머저리'로 제12회 동인문학상을 수상했으며, 계속해서 '소문의 벽', '등산기' 등을 발표해 현실과 이상 사이의 갈등과 그 속에서 일어나는 심리적 고통을 묘사했다. 그의 작품 세계는 사물의 겉모습을 표현하기보다는 그 이면에 숨겨진 진실을 탐색하는 경향이 있다.

주요 작품으로 '조율사', '이어도', '눈길' 등이 있으며, 창작집으로 '별을 보여드립니다', '예언자', '당신들의 천국', '자유의 문', '서편제' 등 중·장편집이 있다.

2006년 여름 폐암 판정을 받고 2008년 6월 중순 병세가 악화돼 삼성서울병원에서 입원 치료를 받다가 7월 31일 새벽 4시쯤에 향년 70세(만 나이 68세)로 영면했다. 그의 장례식 빈소에서는 삼일장 첫날에 김승옥, 이어령, 황동규 등의 서울대학교 문리과대학 동문 출신의 문인들이 조문, 애도했다.

■ 한승원(韓勝源, 1939년 10월 13일~)

대한민국의 소설가이다. 호는 해산海山, 본관은 청주이다. 장흥 회진면 신상리 출생이다.

8남매 중 둘째아들로 태어났다. 어렸을 때 할아버지에게 명심보감을 배웠다. 장흥중학교를 거쳐, 1954년 장흥고등학교에

장흥 김준경(녹천) 생가

입학했다. 고등학교에서 문학반에 들어가 김용술 교사와 송기숙을 만났다. 1955년, 송기숙과 교내 잡지 '억불'을 창간해 수필을 실은 것이 계기가 돼 문학수업을 시작했다. 집안의 생활이 매우 어려워졌고, 대학 시험에 실패, 고등학교 졸업 시험을 치른 후, 졸업장도 받지 않고 고향집에 있었다. 1956년 고향집에서 농사를 도우며, 문학 수업과 교직 면허 취득을 위해 공부했다. 교직 시험에 실패하고 잠시 농사를 계속했지만, 진학을 마음먹고 대학 입시 공부를 시작했다.

1961년 서라벌예술대학 문예창작과에 입학했다. 김동리 교수의 강의에서 이문구, 박상륭, 조세희, 강호무, 한상윤, 이건청, 하현식, 장효문, 조정자, 곽현숙, 백인빈, 김원일, 양문길, 신중신 등 이후 소설가가 된 많은 사람들과 교류했다. 톨스토이, 헤밍웨이, 앙드레 지드, 사르트르, 카뮈 등의 작품을 탐독하면서 2주에 1편씩 소설을 습작하며, 김동리 교수에게 가르침을 받았다.

그러나 서라벌예대를 졸업하지 못한 채 중퇴를 선택하고, 1962년 귀향, 이듬해인 1963년 1월에 입대했다. 1965년 결혼했고 처가에 살면서 습작을 계속했다. 1966년 '가증스런 바다'로 신아일보 신춘문예에 입선하면서 문단에 데뷔했다. 그해 장동서국민학교 교사로 부임했고, 처가를 떠나 신혼생활을 시작했다.

1968년에 소설 목선이 대한일보에 당선되자 본격적으로 소설가로서 활동했다. 1972년 광주의 문인으로 구성된 동인회 '소설문학'을 조직했다. 문순태, 김신운, 강순식, 이계홍 등이 동인으로, '소설문학'에서 문학 수업을 함께했다. 1980년 '구름의 벽'으로 한국소설문학상 수상을 시작으로, 한국문학작가상, 대한민국문학상 등 많은 문학상을 수상했다. 1997년 귀향해, 현재 장흥에 거주 중이다.

■ 송기숙(宋基淑, 1935년 7월 4일~2021년 12월 5일)

대한민국의 소설가다. 장흥 용산면에서 출생해 전남대학교 국어국문학과 및 동 대학원을 졸업했다. 1964년 '현대문학'에 평론 '창작 과정을 통해 본 손창섭'이 추천됐고, 1965년 '이상 서설'로 추천이 완료됐다.

1966년 단편 '대리복무', 장편 '자랏골의 비가' 등을 발표했다. 1972년 긴급조치 제9호 위반으로 구속됐고, 1973년 전남대학교 교수가 됐다. 전남대학교 교수로 재직하던 1978년 '우리의 교육지표' 사건(교육지표사건)으로 1년여 간 구금, 해직됐다. 이후 1980년 광주민주화운동으로 다시 구속됐다가 이듬해 석방됐다. '녹두장군', '암태도', '개는 왜 짖는가?', '휴전선 소식' 등을 발표했다. 1984년 전남대학교 교수로 복직했으며, 1987년에는 민주화를 위한 전국교수협의회를 창설해 초대 공동의장을 맡았다. 2000년 8월 교수 정년 이후 아시아문화중심도시조성 위원장 등을 지냈다. 현실의 부정에 과감히 대처하는 80년대 행동하는 작가로 알려져 있다. 2021년 12월 5일 숙환으로 별세했다.

■ 김녹촌(金鹿村, 1927년~2012년 6월 28일)

장흥군 부산면 내안리에서 태어났다. 본명은 김준경金浚璟이다. 국민학교 교사로 근무하면서 동시를 발표했다. 1951년 전남일보에 시 '강마을에'과 '창변'을, '새벌'지에 '해바라기 상'을 발표했다. 1963년 경북글짓기연구회를 창립하고 부회장으로 활동했다.

1968년 동아일보 신춘문예에 동시 '연'이 당선돼 문단에 나왔다.

2001년 이원수 타계 20주기를 맞아 창원에서 학술세미나를 개최할 때도, 2003년 이원수문학관이 개관할 무렵에도, 제일 먼저 달려와서 편지, 사진 등을 기증하며, 이원수문학관이 만들어지고, 고향의 봄 기념사업이 시작되는 것을 그 누구보다도 반가이 여기셨던 분이 김녹촌 선생이기도 하다. 아동문학가 김녹촌 선생, 그는 어떤 작가이고 또 이원수 선생과는 어떤 인연이었을까.

김녹촌 선생이 동아일보 신춘문예로 문단에 나올 때, 심사를 맡았던 이가 이원수 선생이다. 이와 관련해 김녹촌 선생은 2009년 이원수문학관 소식지 '꽃대궐' 중 '내가 만난 이원수'라는 글에 다음과 같이 밝히고 있다.

> 만일 이 '연'이란 동시가 이원수 선생님과 같은 혜안을 가진 심사위원을 못 만났더라면, 영원히 썩어 버리고 말았을 것이다. 왜냐하면, 시 속에 가난에 대한 이야기와 저항적인 요소가 들어

있었기 때문이다. 당시는 '가난'이란 이야기만 나오면 무조건 빨갱이로 몰던 때라, 시야가 좁고 소신이 없는 사람이었다면, 그런 작품을 당선작으로 뽑으려고 하지도 않았을 것이다. 위대한 이원수 선생님을 만나, 동아일보에 당선되는 행운을 맞게도 되었고, 드디어는 6학년 국어 교과서에 실리는 영광을 얻게도 되었다.

– 나의 영원한 인간 스승, 동원冬原 이원수 선생님(이원수문학관 소식지 '꽃대궐', 2009년 7월호) 중에서

뿐만 아니라 김녹촌 선생은 2001년 이원수 타계 20주기 문학세미나에서 다음과 같이 이야기 했다.

항상 가난하고 약하고 불행한 자의 편에 서서, 저항적 현실주의와 고발적 사실주의 문학작품을 쓰심으로써 불행한 이 땅의 어린이들에게, 용기와 희망과 위안을 주셨던 이원수 선생님! 작품 수준이 귀신 신자의 신품神品의 경지에 이르렀는데도, 항상 겸손하셨으며, 너그럽고 폭이 넓고 외유내강外柔內剛하셨으며, 지혜가 번뜩이는 유머로 작작한 인생의 여유를 잃지 않으셨던 이원수 선생님! 그리고 68년 동아일보 신춘문예에 저의 졸작 '연'이란 동시를 뽑아 주심으로써, 사제지간의 인연을 맺게 해주셨으며, 또한 한국 아동문학의 갈 길과 시정신과 작가의 자세를 가르쳐 주셨던, 저의 위대한 스승 이원수 선생님!!

- 동원 이원수 선생의 동시 세계(이원수 타계 20주기 문학 세미나, 2001.5.2.) 중에서

이렇듯 김녹촌 선생은 이원수 선생께 한없는 존경과 감사를 표현하고 실천하였던 제자로, 우리에게 감동을 주는 사제지간의 좋은 표본이 된다. 참다운 가르침을 주는 지혜로운 스승이나 사람이 사람다울 수 있도록 스승의 가르침을 삶의 방향으로 실천하는 제자는 갈수록 드물기 때문이다.

그는 등단 초기인 1977년까지는 주로 자연을 대상으로 순수 서정적 동시를 발표했으나 그 이후는 서민아동문학론에 편승해 소외된 아동이나 산업화로 인한 여러 문제를 다루는 현실 참여 경향의 동시를 발표했다.

김녹촌은 1954년 대구동인국민학교(현 대구동인초등학교) 교사로 부임하면서 대구 생활을 시작했다. 이후 경주 현곡초등학교 교장으로 퇴임할 때까지 영덕, 포항, 의성, 봉화, 대구 등의 초등학교에서 교사 생활을 했다. 1988년 민족작가회 아동문학분과 고문으로 임명됐고, 2006년에는 한국어린이문학협의회 고문으로 활동했다.

그는 광주 사범학교를 졸업, 45년간 교직에 종사했다.

제10회 세종아동문학상(1977년)과 제7회 대구시문화상(1987년)을 수상했다.

동시집 '꽃을 먹는 토끼'(창작과비평사 1988), '소라가 크는 집', '쌍안경 속의 수평선', '언덕빼기 마을 아이들', '한 송이 민들레야' 등 30여 권이 있다.

생가가 있는 전남 장흥군 부산리 내안리 내동마을은 그의 1968년 '동아일보' 신춘문예 동시부문 당선작인 '연'의 작품 무대이다.

그는 어려서 마을 모시밭이나 보리밭에서 연을 날리며 자라왔는데, 경상북도 의성군 남부초등학교에 근무할 때 그 지방 어린이들이 연을 많이 날리는 것을 보고 문득 고향산천과 어린 시절이 생각 나 '연'을 쓰게 됐다고 한다.

그때는 6 · 25 전쟁 후의 경제난과 주택난으로 말미암아 어린이 들은 헐벗고 굶주리는 가난 속에서 천대받으며 자라야 했다. 그러나 불타는 생명력을 지닌 어린이들의 모습을, 겨울 하늘을 휘젓고 돌아다니는 생동감 넘치는 연의 이미지에 의탁해 형상화한 것이 '연'이다.

때마침 미국의 우주인 암스트롱이 로켓을 타고 달나라에 갔다 온 이야기도 작품 속에 곁들여져 있어, 어린이들의 꿈을 한없이 꿈틀거리게 하고 부풀게 하는 뛰어난 작품으로 평가받고 있다.

특히 '마늘 심는 마을', '진달래 마을', '꽃을 먹는 토끼' 등의 역작을 펴내면서 바른 글쓰기와 좋은 글 읽기의 전도사처럼

이 나라의 청소년들이 글쓰기와 읽기를 통하여 보다 품격 있는 심성을 길러주려고 했던 것이 김준경의 삶이었다.

그가 문단에 정식으로 데뷔하기는 1968년 동아일보 신춘문예 동시 '연'이 당선되고부터다. 그 후 교직에 계속 종사하며 아름다운 동시들을 꾸준히 발표, '소라가 크는 집', '쌍안경 속의 수평선', '언덕배기 마을 아이들', '태백산의 품 속에서' 등 우수한 동시집들을 펴내며 중진 동시 시인으로 위명을 떨치게 된다.

선생의 동시들은 많은 동요가사로 선정되기도 했다. '기차놀이', '밤바다' 등 무려 33편의 시들이 동요 작시로 채택되기도 한다.

일어에 능통한 선생은 일본 어린이들의 동시집을 반역해 펴내, 일본 어린이와 한국 어린이의 글쓰기 수준을 비교하기도 한다.

선생은 지난 1992년 8월 31일 정년퇴임한 후 20여 년간 줄기차게 어린이들의 바른 글쓰기와 문학교육, 아동문학 운동에 전념해왔다.

2002년 '쌍안경 속의 수평선', 2004년 '독도 잠자리' 등 수권의 동시집 및 문학비평서 등을 펴내고, 끊이지 않는 문학활동을 왕성하게 지속하며 국내 최고 아동문학가로서 자리를 지켜왔다.

산새 발자국

김녹촌

눈 쌓인 산길에 산새 발자국
솔잎처럼 가느단 산새 발자국
아장아장 정답게 노래 부르며
눈 위에 그려 놓은 산새 발자국

외로운 산길에 산새 발자국
흩어졌다 모였다 산새 발자국
도란도란 쌍쌍이 속삭이면서
눈 위에 찍어놓은 산새 발자국

이 동요시는 전국초등학교 합창연합회장을 지낸 전준선(全俊銑 1940~2013)에 의해 작곡됐다.

누구도 없이 혼자 겨울 산길을 걷는다. 눈길 위에 산새 발자국이 찍혀 있다. 솔잎처럼 가느다란 발자국을 보니 귀엽고 앙증맞다. 추운 겨울이지만 정답게 노래 부르며 눈길에서 노닐다간 새들의 자취가 정답다.

혼자 걷는 겨울 산길은 호젓하지만, 산새 발자국이 있어 덜 외로운지도 모른다. 쓸쓸한 겨울 산길에서 만나는 산새들의 자취가 마음을 녹이는 동요시가 됐다.

녹촌 선생의 동시가 여전히 사랑받는 이유는 어디에 있을까? 그는 늘 곱게 쓰려고만 고집하지 아니한 작가로 그 개성적 파격성은 대단했던 것 같다.

보리피리, 보리앵두, 산새발자국, 보리 등 동심을 포착한 서정성으로 빛난 작품도 많지만, 핏빛 진달래, 민들레 공화국, 전라도 지게, 동학혁명이 시어로 등장할 정도로, 묵직한 분위기도 깔려있다.

그 기법 형식에 있어서도 전형적 동시 운율을 그대로 답습하지 않았다.

적당히 감미롭게 적당히 교훈적으로 버무린, 이른바 교사체 서정시의 상투성이 아니었다. 그는 동시집 서문에서 "리얼감 생동감이 넘치는 진실의 시로, 용기 희망 투지를 심고 싶다"고 말했다.

'서정주, 국화옆에서'를 비튼 듯한 '들국화'에, '신경림, 농무(1973)'처럼 당차게 그려낸 농촌 현실.

그는 아이들이 헤쳐 나가야 할 거친 세상을 대충 아름답게 포장하지 아니했다.

그 상징 시어는 '연鳶'과 '보리, 봄'이다. 꿈, 희망, 노력, 해방, 도전, 동행, 용기, 투지가 올 곧게 실려 있다.

70년대 개발시대 명암을 지켜보면서, 소외된 약자와 농촌에 대한 배려를 소홀히 하지 않았다.(들국화, 질경이, 아카시아꽃, 씀바귀꽃, 민들레, 달맞이꽃, 삘기꽃) 강자에의 굴종이나 서울 찬가는 없었으며, 도농都農격차와 지역차별의 그늘을 그냥 넘기지 아니했다.(꼿꼿하게, 서울참새, 언덕배기 마을 아이들, 빈 산마을에, 하루살이, 민들레나라, 너는너고, 보리밭) 그래서일까? 그때 벌써 환경생명주의자, 동물보호주의자 면모가 엿보였다.(물이 맑으니, 에델바이스, 염소, 날다람쥐, 탕 소리 한번에) 그는 아이들이 극복해야할 인생 현실을 미리 말해 주었다.(시커먼 강, 연탄재, 지게, 어부 할아버지, 진달래, 빈 산마을, 언덕배기 마을 아이들)

그는 노동과 일, 가족의 소중함을 빠뜨리지 않았다.(밤일, 밤파도 소리, 모심기, 산나물, 신문배달, 어부 할아버지, 할머니 수틀, 보리갈이)

그는 경북 지역에서만 38년간 봉직한 분이었지만, 쉽게 시골 전라도 고향을 잊지 않았다.(동학혁명, 제암산, 지게, 보리밭, 철새)

또한 아이들 정서를 그려낸, 그의 서정적 동시가 동요로 만들어져 수상한 작품도 꽤 있다.(봄비, 산새발자국, 독도잠자리, 솜병아리, 새들의 합창)

지금 다시 보니, 그의 동시는 아이들 위한 동시요, 어른들 위한 동시도 되었던 것 같다.

누구든 그 작품들을 직접 접할 기회가 있게 된다면, 산문정신과 도전의식으로 뭉쳐진, 영락없는 장흥출신의 전국적 레벨의 문인임을 확인할 수 있었다.

얼마 전 물 축제도 있었으니, 작품 '물이 맑으니'를 소개한다.

물이 맑으니 돌이 희고, 돌이 희니 모래도 희네.
모래가 희니 고기도 희고, 고기가 희니 물살도 희네.
물소리 맑으니 새 소리 맑고, 새 소리 맑으니 산도 맑네.
산이 맑으니 바람도 맑고, 바람이 맑으니 꽃향기 맑네

"책에서만 보던 그림이 내 앞에 있다는 게 믿기지 않아요."

광주광역시 국립아시아문화전당(ACC) 복합6관. 잭슨 폴록의 대표작 앞에 선 황○○ 씨는 감탄을 감추지 못했다.

광주시립미술관 도슨트로 활동 중인 그는 폴록의 1949년 작 '수평적 구조'(Horizontal Structure) 앞에서 한동안 말을 잇지 못했다.

미국 추상표현주의의 상징으로 꼽히는 작품들이 지금 광주 시민의 눈앞에 펼쳐져 있다.

ACC 개관 10주년을 맞아 서울신문과 공동으로 기획한 특별전 '뉴욕의 거장들: 잭슨 폴록과 마크 로스코의 친구들'이다.

'뉴욕의 거장들' 전시는 20세기 중반 현대미술의 중심지였던 뉴욕에서 활동한 잭슨 폴록, 마크 로스코, 앤디 워홀 등 대표 작가 21명의 작품 36점을 한자리에 선보인다.

잭슨 폴록(Jackson Pollock, 1912~1956)은 20세기 미국의 대표적인 추상표현주의 작가로, 활동 당시 미국화가 최초로 유럽의 화가들과 동등하게 인정받았다.

'수평적 구조'는 3미터가 넘는 대작으로 관람객들의 이목을 집중시키고 있다.

이는 폴록 추상의 정점이자 액션페인팅 기법의 대표작이다.

'액션페인팅(action painting)'은 바닥에 눕힌 캔버스에 페인트나 물감을 떨어뜨리고 붓으로 뿌리는 표현 기법을 통해 에너지와 감정의 역동성을 화폭에 담아내는 기법이다.

붉은색과 회백색, 검은 물감이 화면 위에 격렬하게 얽혀 있는 이 작품은 추정가 2,000억 원에 이르는 대작이다.

이는 물감을 떨어뜨리는 드리핑 기법으로 제작된 작품이다. 폴록은 캔버스를 이젤에 세워두고 붓으로 그리는 것이 아니라 바닥에 두고 작품을 만들어갔다.

폴록은 캔버스 위를 걸어 다니며 물감을 뿌리거나 떨어뜨려 그림을 완성했다. 물감층 위에 또 다른 물감층이 쌓여 켜켜이 층을 이룬다. 물감은 거미줄이나 그물망처럼 얽히고설킨다.

이 작품들은 오로지 중력의 작용으로만 만들어진 작품이다. 이런 작품들은 밑그림도 없고 예비 드로잉 작업도 없다. 다만 무의식 상태에서 손이 가는 대로(자동기술법), 몸이 가는 대로(액션페인팅) 그렸을 뿐이다.

자유로운 몸짓과 의식의 흐름대로 그리다 보니 이 작품은 위아래, 앞뒤, 안팎의 구분이 없다. 따라서 이 작품은 무한대로 확장하려는 성격을 지닌다.

폴록과 리 크래즈너는 1945년 결혼해 미국 롱아일랜드 이스트햄프턴에 주거지를 마련했다.

그들은 집에 딸린 헛간을 개조해 스튜디오로 사용했다. 이곳은 원래 낚시 장비를 보관하던 창고였다. 난방도 전기도 들어오지 않는 말 그대로 헛간이었다. 그러나 부부는 이곳에서 우주로 뻗어가는 그림을 꿈꿨다.

캔버스를 바닥에 대고 무의식적으로 물감을 뿌리면 자연히 바닥에도 물감이 묻거나 쌓이게 된다. 지금도 폴록의 작업실 스튜디오 바닥은 두꺼운 물감층이 쌓여 있다. 물감으로 범벅된 폴록의 스튜디오 바닥은 우주를 만들다 남은 흔적들이다.

1956년 폴록이 사망하자 스튜디오 문은 굳게 닫혔다. 이후 슬픔을 이겨낸 크래즈너가 이 스튜디오에서 작업하기 시작했다. 물감이 켜켜이 쌓인 스튜디오는 말 그대로 폴록과 크래즈너의 놀이터였다.

이번 전시의 작품들은 제2차 세계대전 이후 세계가 겪은 혼란과 변화, 자유에 대한 갈망을 담고 있다.

미술은 정답이 없는 분야다. 나를 들여다보고 나를 표현하는 유일한 언어이며, 나만의 시선으로, 내 마음을 반영하며, 내 경험을 담은 하나의 특별한 세계이다. 그래서 자유로워야 한다. 창조란, 익숙한 것을 해체하고 그 경계를 넘는 과정에서 비로소 만나는 것이기 때문이다. 때론 손끝이 먼저 움직이고,

마음이 그 뒤를 따라오는 순간도 있다.

잭슨 폴록은 “나는 그림 속으로 들어간다. 그 안에서 움직이고, 한참 있다가 다시 나온다”라고 했다. 그림은 그렇게, 말하지 못한 감정의 통로가 되기도 한다. 잘 그린 그림보다 솔직한 흔적이 남은 그림이 더 깊은 울림을 주는 이유도 그 때문이다.

폴록의 선과 물감 자국은 그 자체로 시대의 흔적이다. 로스코의 색면은 언어를 넘어 감정의 깊이를 보여 준다. 예술은 시대를 기록한다.

이번 전시는 단지 그림을 감상하는 전시가 아니라, 한 시대의 정서를 마주하게 하는 자리다. 전시는 오는 10월 9일까지 계속된다.

미술은 정답이 없는 분야다. 나를 들여다보고 자아를 표현하는 유일한 언어이다.

또, 나만의 시선으로, 내 마음을 반영하며, 자신의 경험을 담은 하나의 특별한 세계이다. 그래서 자유로워야 한다. 창조란, 익숙한 것을 해체하고 그 경계를 넘는 과정에서 비로소 만나는 것이기 때문이다. 때론 손끝이 먼저 움직이고, 마음이 그 뒤를 따라오는 순간도 있다.

미국의 잭슨 폴록은 “나는 그림 속으로 들어간다. 그 안에서 움직이고, 한참 있다가 다시 나온다”고 했다.

그림은 그렇게, 말하지 못한 감정의 통로가 되기도 한다. 잘 그린 그림보다 솔직한 흔적이 남은 그림이 더 깊은 울림을 주는 이유도 그 때문이다.

어떤 날은 아무 일도 없었는데 마음이 흔들린다. 지하철 플랫폼 끝에 설 때, 번화한 거리 속을 걸을 때, 온 세상이 분주한데 나만 정지된 듯한 고립감이 몰려올 때가 있다.

말로는 설명할 수 없지만 분명히 느껴지는 그 감정. 누군가는 그것을 불안(Anxiety)이라 부른다. 그리고 100년도 더 전에 그 감정을 그림으로 정확하게 붙잡아낸 화가가 있었다. 바로

김준경 생가 꽃담(송천)

노르웨이의 화가 에드바르트 뭉크(Edvard Munch)이다.

뭉크는 사랑과 상실, 외로움과 불안, 이 모든 것을 화려하게 표현하지 않았다. 오히려 뒤틀린 선, 왜곡된 시선, 불안정한 색채로 심리적 진동을 시각화했다. 그 역시 바로 이 같은 의미로 '절규(The Scream)'란 작품을 만들었다.

많은 사람들은 이 그림을 공포의 이미지로 기억하지만, 사실 이 그림은 혼자서는 감당하기 어려운 '내면의 불안'을 외면

장흥 김준경(녹천)

하지 않고 정면으로 마주한 기록이다.

우리는 지금 어떤가? 뉴스 속 재난, 일상의 스트레스, 멈추지 않는 속도 속에서 우리 역시 마음의 귀를 틀어막고 있는 건 아닐까?

작품을 통한 미술 치유는 이럴 때 빛을 발한다.

'내가 느끼는 감정에 이름을 붙이고, 그것을 그려보는 과정'은 어떤 치료보다도 깊은 울림을 준다.

뭉크는 결국 살아냈고, 우리는 그렇게 닮아간다. 그는 젊은 시절 정신 병원에 입원하기도 했지만, 말년엔 건강을 회복하며 자신만의 속도로 작업을 이어갔다.

작품은 혼자 있는 시간을 버티게 해주는 침묵의 언어이다. 그리고 그 언어는, 오늘 당신의 불안한 마음을 이해하고 받아들이는 하나의 시작이 될 수 있다.

제2부

명가에서 꽃피는 꽃담

범어사
명재고택
용인 한국민속촌
봉화 계서당
구례 쌍산재

범어사

'잠이 깊어 꿈도 생각도 없는데, 도대체 나는 어디에 서 있는가, 어디로 정처없이 향하고 있는가'

진리를 향해 찾아가는 길은 때론 멀기도 하고 때론 험란하기도 하겠지만 결국에는 참 평안과 큰 행복이 깃드는 법이다.

인도의 독립과 민족의 화합을 위해 매일 아침 기도를 올렸던 간디. 간디가 있기 위해서는 고통받는 20억의 유색 인종이 필요했을 터.

진리를 찾아가는 자는 티끌보다도 겸손해져야 함을 강조한 간디는 '진리는 나의 등대요, 나의 작은 방패다. 그 길이 비록 험하고 좁고 면도날같이 날카로울지라도 그것이 내게는 가장 가깝고 가장 쉬운 길이다'는 말로 인도의 미래를 걱정하기도 했다.

한번 실험적으로 이길 저길 살아보고 다시 돌아와 그 중에서 제일 마음에 드는 삶을 선택하여 다시 살 수 있는 게 우리

범어사

네 인생이라면. 그래서 무언가에 홀린 사람처럼 진리를 찾아 앞으로만 달려오는 일은 그렇게 간단한 문제가 아니다.

참 진리를 찾아 예수는 골고다로, 석가는 보리수 나무 아래로, 슈바이처는 아프리카로, 달마는 동쪽 중국 대륙으로 갔다. 오늘도 많은 사람들은 진리를 찾아 동분서주하며 차를 타고 비행기를 타고 배를 타고 강을 건너 산을 넘어 하늘을 날아 머나 먼 곳으로 고행길을 떠난다.

혹자는 이미 표현되고 말하는 자비와 사랑은 진리가 아니라고 주장하기도 한다. 사랑과 자비는 가르칠 것도 없고 실천할 것도 없고 꿈꿀 것도 없다는 게 골자다. 있는 그대로 지금 이 순간 그대가 생존하고 있는 그 자체가, 이미 사랑과 자비의 결정체이므로.

진리는 멀리 떨어져 따로 있는 것이 아니고 바로 가장 가까운 곳, 자신의 곁에서 묵묵히 보이지 않게 실천하는 삶 가운데 있는 것은 아닐까.

부산은 산이다. 그 산은 바로 금정산. 그래서 금정산은 부산의 집이요, 얼이며 기가 된다.

그대들은 범어사(부산광역시 금정구 청룡동) 진입로와 돌담길의 운치를 알고 있는가. 한 마리의 금빛 나는 물고기가 오색구름을 타고 하늘[梵天]에서 내려와 그 속에서 놀았다고 하여 '금샘[金井]'이라는 산 이름과 '하늘나라의 고기[梵魚]'라고 하는 절 이름을 지은 것이다.

범어사의 담장

잠시 나마 일상의 무게 잠시 잊고 범어사 품 속에 안기면 갑자기 투명한 신록 때문에 나도 모르게 푸르르 떨린다.

일주문 가운데 어

범어사 조계문

칸에는 '조계문'이라는 편액과 좌우 협칸에는 '금정산 범어사'와 '선찰대본산'이란 현판을 볼 수 있다.

무엇보다도 범어사는 서로 모양이 제각각 다른 맞담과 연기를 배출하는 특이한 느낌의 소각장을 통해 지고의 가치, 최고의 진리를 찾아 지극한 일심을 자극하며 지금까지 쉬지 않고 달려오고 있다.

일주문을 지나면 천왕문, 천왕문, 불이문, 보제루에 이르고 곧이어 대웅전이다. 불이문을 지나 보제루로 가는 길, 대숲이 왜 저렇게 푸른가. 송죽같은 꼿꼿한 신심을 보여주려는 것인가.

범어사팔상·독성·나한전

'대나무는 근본이 견고하니, 그 견고함으로써 덕을 심는다. 대나무는 성품이 곧으니, 그 곧음으로써 몸을 세운다. 대나무는 마음이 비어 있으니, 그 빔[空]으로써 도를 본받는다. 대나무는 정절이 있으니, 그 정절로써 뜻을 세운다. 이 때문에 군자는 대나무를 심는다. 대나무는 그 마음이 비어 있으니 내 벗으로 삼고, 물은 성품을 맑게 할 수 있으니 내 스승으로 삼는다. '양죽기"

대나무의 견고한 마디는 비바람에도 굴복치 않는 강인한 의지를 가르쳐 주고 있으며, 대나무의 속이 빈 것과 위아래의 마디는 선가의 무심과 절도 있는 생활을 나타낸다. 이 때문에 선가에서는 '대나무 위아래에 마디가 있다[竹有上下節]'는 구절을 소중하게 여기고 있다.

대웅전에서 왼쪽으로 방향을 틀면 금정산 너덜겅(암괴류)으로 나가는 돌담길을 만난다.

3단의 석재 위에 다시 돌과 흙, 기와로 쌓인 채 수십 년 묵은 담쟁이가 돌담을 덮고 있다. 오른 쪽 건물들은 담 너머로 숨어 버리고, 왼쪽 요사채들은 담 밑에 잦아들어 담이 갖고 있는 독립성과 은밀함이 백미다.

암키와들이 품어내는 조화는 소박함과 화려함으로 대별된다. 이전의 맞담과 최근에 만든 맞담을 각각 구분하는 확실한 징표이다.

돌담이 주는 수평적 이미지와 나무들이 주는 수직의 이미지가 교차하면서 신비한 분위기를 연출해낸다. 만일 이곳에 나무 대신 꽃들을 심었더라면 분위기가 어떻게 달라졌을까, 절집 조경이란 애시당초 바로 이런 느낌이다.

막돌 한 켜를 놓은 다음, 흙 한 켜를 놓고, 그 위에 다시 막돌이나 기와를 놓으면서 차례로 쌓은 맞담이 꽤 길게 이어진다. 맞담 맨 위에는 빗물에 담벽이 씻겨 허물어지지 않도록 기와로 지붕을 덮었다.

모처럼 황토를 보는 즐거움에 흐뭇하다. 황토의 특성 중에는 열을 차단하여 주는 성질이 있어 실내의 온도를 조절하는데 유효하다.

그러나 현대인들은 잃어버린 황토를 되찾고 그 황토가 있는 자연으로 돌아가려고 갈등과 고통의 과정을 겪고 있다.

문명의 발달로 흙과 멀어지면서 비인간적인 도시화와 규격화 등의 현상이 점차 깊어짐에 따라 '흙과 함께 하는 생활', '흙과의 친화 및 교류', '흙으로의 회귀'를 추구하게 된 것이다.

우리 조상들은 제물을 올리거나 출산을 했을 때, 금줄과 함께 황토를 뿌려 놓거나 뭉쳐 놓아 악귀나 부정한 기운의 출입을 막았다. 경복궁을 황토현이라고 이름 지은 것도 다분히 그런 뜻이 배어있다.

바로 이처럼 흙이 인간에게 도움을 주는 친화력을 가졌다는 생각은 철저해 흙을 밟고 살아야 건강하고 탈 없이 성장할 수 있다고 믿었다.

또, 흙은 복을 비는 대상이었음은 물론 재산이기도 했다. 이러한 까닭에 흙을 쏟아버리면 복이 나간다고 여겨서 마당을 쓸 때면 집 안쪽으로 쓸어야 했다.

이들 맞담은 '뜻이 도달하면 붓은 못 미쳐도'라는 소우 강벽원(1859~1941)의 묵란도 글귀를 연상케 한다.

> '뜻이 도달하면 붓은 못 미쳐도. 난을 치는데 잎사귀마다 서로 고르게 하는 것은 옳지 않다. 끊어질 듯 이어질 듯해도, 도달한다면 붓은 미치지 못해도 무방하다.'

그렇다. '뜻을 얻으면 그것을 전달하던 기호는 잊어도 좋다', '문장의 일차적인 기능은 수사학적인 기교보다 도를 전달하는 데 있다'는 뜻을 담고 있지 않은가. 마음 공부하는 자세의 필수 요건으로 이 글을 마음에 새겨놓았으면 한다.

맞담은 더 큰 사고를 선물했다.

사람은 혼자서는 살지 못한다. 함께 만들고 더불어 살아가는 것이므로. 원수까지 포용하는 참된 사랑, 박애정신이 나와 우리 안에 있을 때 사람도 세상도 더욱 아름다워지리라.

금당 마당에서 설법전으로 내려가는 길에 있는 소각장이 있다. 기와로 삼층석탑처럼 아름답게 지었음을 볼 수 있다.

하루 종일 속을 끓이며 노심초사했던 아주 사소한 감정을 풀어줄 수 있도록 하는 대상이다. 불편했던 마음이 사라지면서 한없이 부족한 자신의 기준점이 얄밉다. 딱딱하게 굴었던 밴댕이 속알머리가 한없이 부끄럽다. 어느 새, 소각장의 검은 연기가 구름되어 하늘을 뒤덮는다.

'날마다 좋은 날'을 바래는 꽃담은 아닐까. '날마다 좋은 날'이라는 말은 운문선사의 어록인 '운문광록雲門廣錄'에 나오는 말로 너무나도 유명한 선어이다.

운문선사가 어느 날 제자들에게 이렇게 말했다. "보름 전의 일은 묻지 않겠다. 오늘부터 보름 이후의 일을 표현할 수 있는 시구를 지어 가져오너라."

수행승들은 아침부터 하루 종일 머리를 쥐어짰으나 무어라고 한마디로 선의 묘미를 표현할 수가 없었다.

서로 다른 하루가 하염없이 흘러가고 있었다. 그것을 지켜보던 운문선사가 스스로 지은 짧은 시구를 내보였다.

'일일시호일日日是好日'. '날마다 좋은 날'이라는 뜻이며, '해마다 좋은 해'로도 해석할 수 있다.

'오리 오리쇼셔 일에 오리쇼셔 졈그디도 새디도 마시고 새라난 식에 오리쇼셔(오늘이 오늘이소서 매일 오늘이소서 저물지도 새지도 말으시고 (날이) 새거든 주야장상 오늘이소서(양금신보)'

고려 말부터 조선중엽까지 우리 조상들이 즐겨 불렀던 축가 '오늘이 오늘이소서'는 소박한 평민들이 생활의 기쁨을 노래한 것이며, 남원에서 채보되어 오늘날까지 전승되고 있는 노래인 만큼 '일일시호일'과 완벽하게 의미가 맞아떨어진다.

범어사 바라

'범어사梵魚寺'에서는 '범어사(凡於事, 세상의 모든 일)'로부터 벗어났을 때 비로소 경내로 들어올 수 있다. '한인물입閑人勿入' 즉, '볼일 없는

사람은 들어오지 말라'

'뗑그렁~뗑그렁~' 처마 끝에서 여울져오는 풍경 소리와 청량한 바람이 맑은 소식만을 가져다줄 것 같다.

비 그친 후의 흔적들이 여름날의 추억을 고요한 물살에 씻겨버리는 그 순간, 논벼 익는 소리가 지척에서 시끌벅적, 요란하다.

논두렁 참새 떼를 지키는 허수아비가 범어사를 지나 멀찌감치 시선 밖으로 사라지자, 이윽고 샛노란 국화의 향기 그윽한 동네 어귀에 어머님과 삽살개가 황소 웃음으로 화답한다.

명재고택

"논산 명재고택에 밤사이 하얀 눈이 내려있다. 밤 사이 내린 하얀 고택을 눈에 담는다. 그리운 마음을 풀고 싶을 때, 그리운 사람과 차 한 잔 나누고 싶었을 논산 명재明齋 윤증(1629~1714)선생이 그랬던 것처럼 말이다. 옛 정취가 묻어나는 장독대이다. 요즘은 쉽게 볼 수 없는 많은 수의 장독들이 한옥 고택과 주변 풍경과 함께 자아내는 풍경이 너무도 아름다웠기 때문이다."

한국화가 설림 송재영 선생이 2025년 8월 5일까지 익산 왕궁포레스토 공간 쉼표 2층에서 초대 개인전을 가졌다.

이번 전시는 작가의 열여덟 번째 개인전으로 꾸려졌다. 100호 크기의 윤증고택의 '함박눈', '임고서원의 봄'이 시선을 압권 했다.

그는 수묵의 여백과 먹의 농담을 현대적 감각으로 재해석한 작가다. 한국화하면 떠오르는 화선지와 먹이라는 재료에 국한

명재고택 꽃담

하지 않고 삼베, 나무판 등의 재료를 사용해 독창적 작품세계를 구축한 작가이다.

그의 작품은 주변의 자연풍경, 사람과 동물, 꽃, 나무 등의 소재와 사계절의 무한한 변화와 생생한 생동감을 수묵담채와 수묵채색, 먹의 농담으로 표현하면서도 전통적 필법과 구도에서 자유롭다.

작가는 "명재고택 앞 주차장에서 내리니, 눈 덮인 명재고택이 반겨준다. 밝은 햇살이 눈부시게 드리워진 명재고택에서 아름다운 기품이 느껴진다. 먼저 아름다운 모습의 명재고택의 설경부터 즐겨본다. 고택 옆 사랑채이다"고 했다.

이 고택은 명재 윤증 선생 생전(1709년)에 지어진 곳이다. 조선 중기 전형적인 호서 지방의 양반 가옥으로 우리 옛 선조들의 건축적 지혜를 보여준다.

조선 숙종 때의 학자인 윤증선생이 지었다고 전하는 집이다. 후대에 수리가 있었던 듯 하며 그 세부기법은 19세기 중엽의 건축양식을 보이고 있다. 노성산성이 있는 이 산의 산자락에 노성향교와 나란히 남향으로 배치되어 있다.

명재고택은 평생 벼슬을 사양하고 학문 연구와 후대 교육에 전념한 조선 대학자 명재 윤증의 집이다.

300년이 훌쩍 넘는 세월을 간직한 고택은 뒤쪽으로 선 고운 산과, 마당에 단아한 인공 연못이 어우러진다. 여기에 열을 맞춘 장독대가 운치를 더한다. 첫눈에 감흥을 불러일으키는 아

명재고택 꽃담

름다운 집이다.

높은 기단 위에 앞면 4칸 · 옆면 2칸 규모의 사랑채가 있고, 왼쪽 1칸 뒤로 '一' 자형의 중문간채가 자리 잡고 있다. 중문간채는 안채가 바로 보이지 않도록 1칸 돌아 들어가게 중문을 내었다. 중문을 들어서면 'ㄷ'자 모양의 안채가 있어서, 중문간채와 함께 튼 'ㅁ'자 모양을 이루고 있다.

집 앞에는 넓은 바깥마당이 있고 그 앞에 인공연못을 파고 가운데에 원형의 섬을 만들어 정원을 꾸몄다. 또한 안채 뒷쪽에는 완만한 경사지를 이용하여 독특한 뒤뜰을 가꾸어, 우리나라 살림집의 아름다운 공간구조를 보이고 있다.

모든 건축 부재의 마감이 치밀하면서 구조가 간결하고 보존상태도 양호한 조선의 양반주택으로 중요하다.

지정 당시 명칭은 '윤증선생고택尹拯先生故宅'이었으나, 조선 숙종 때의 이름난 유학자 명재 윤증(1629~1714)이 지었다고 전하는 가옥인 점을 반영, 그의 호를 따라 '논산 명재 고택'으로 지정명칭을 변경(2007. 1. 29)했다.

여름엔 붉은 배롱나무와 어우러진 모습이 아름다웠는데, 지금 작품 속 하얀 눈과 어우러진 모습이 정말 아름답다. 게다가 사랑채 처마에 달린 고드름과 사랑채 옆 초가는 너무 정겹다. 한옥과 어우러진 기품 있는 겨울의 정취가 느껴진다.

고택 옆 사랑채이다. 여름엔 붉은 배롱나무와 어우러진 모습이 아름다웠는데, 지금은 하얀 눈과 어우러진 모습이 정말 아름답다. 게다가 사랑채 처마에 달린 고드름과 사랑채 옆 초가는 너무 정겹다. 한옥과 어우러진 기품 있는 겨울의 정취가 느껴진다.

사랑채 돌계단 옆 댓돌에 새긴 일영표준日影標準이란 글자가 눈에 띈다. 윤증의 9대손 윤하중은 천문학에 밝아 해시계를 독자적으로 개발했다.

해시계의 영점을 놓고 천체를 살필 수 있는 위치를 정하고, 그곳에 일영표준이라 새겼다고 한다. 원래의 글자가 일부 훼손돼 옆에 새로 만들었다.

사랑채에서 왼쪽으로 보면 중문간채가 있다. 안채로 들어가는 문인데, 대문이 열려 있어도 안채가 바로 보이지 않는다. 문 뒤에 내외 벽을 설치했기 때문이다. 내외 벽 아래 틈을 두어 안채 대청에서 방문객의 신발을 보고 안주인이 대비할 수 있도록 배려했다. 'ㄷ자형' 안채는 일자형 중문간채와 함께 'ㅁ자형'을 이룬다.

누마루 아래 금강산을 형상화한 석가산 안채 옆 광채에도 선조의 지혜가 숨어 있다.

안채와 광채가 놓인 구조를 보면 나란하지 않고 북쪽으로 갈수록 조금씩 좁아지는 형태다. 지붕은 안채가 광채보다 높다.

계절의 변화에 따른 일조량과 바람의 이동을 고려한 배치다. 덕분에 광채 북쪽 끝 창고는 여름에도 시원해 냉장고 역할을 했고, 주거 공간인 안채는 광채에 가리지 않고 볕을 충분히 받는다.

고목도 주요한 볼거리다. 수백 년 된 느티나무(보호수)를 비롯해 은행나무, 배롱나무가 우직하게 자리를 지킨다. 여름에는 배롱나무꽃이 화사하고, 가을에는 고아한 은행나무가 눈을 즐겁게 한다. 산책로 따라 다양한 각도에서 고택과 어우러진 고목을 감상해 보자.

명재고택

지금은 '게'하면 꽃게나 대게를 제일로 치지만 조선시대까지만 해도 일반적으로 게 하면 민물게인 참게를 뜻했다.

이름부터 '참'게고, 풍속화나 시에 꽃게보다

참게가 더 많이 등장하고 있다.

대표적인 조선시대 풍속화가 단원檀園 김홍도(金弘道1745~1806)의 '해탐노화도蟹貪蘆花圖'다.

이 '해탐노화도蟹貪蘆花圖'에는 뜻밖의 우의寓意가 숨어 있다. 로蘆는 갈대를 뜻하는데, '蘆'는 옛 중국 발음으로는 '려'와 매우 비슷하다. '려'는 원래 임금이 과거 급제자에게 나누어주는 고기음식을 뜻한다.

그 뜻이 확대되어 중국에서 과거 때 전시殿試 후에 진사進士의 이름을 하나하나 부르던 전려 혹은 여전이라고 하면 궁중에서 과거 합격자를 호명해서 들어오게 하는 것을 가리킨다.

그러니까 게 두 마리가 갈대꽃을 물은 것은 소과小科 대과大科 두 차례 시험에 모두 합격하라는 뜻이요, 꼭 잡고 있는 것은 확실하게 붙으라는 의미다.

그 뿐이랴? 게[蟹]의 등딱지 즉 껍질을 이고 사는 동물이니 등딱지는 한자로 갑甲이 된다.

이 갑은 천간天干 즉, 갑을병정무기경신임계 중의 첫 번째니 바로 장원급제를 의미한다. 그리고 화제畵題로 '海龍王處也橫行(해룡왕처야횡행)' '바다 속 용왕님 계신 곳에서도, 나는야 옆으로 걷는다!'는 것이다. 선비의 기개가 엿보이는 화제다.

권력 앞에서 쭈뼛거리지 말고, 천성을 어그러뜨리지 말고, 되지 않게 앞뒤로 버정거리며 이상하게 걸을 것이 아니라, 제

모습 생긴 대로, 옆으로 모름지기 삐딱하게 걸으라는 것이다.

그리고 고려 말 조선 초기의 문신이며 재상을 지낸 황희(黃喜, 1363년~1452년)는 "대쵸 볼 불근 골에 밤은 어이 뜻드르며,벼 뷘 그르헤 게는 어이 나리는고. 술 닉쟈 체쟝사 도라가니 아니 먹고 어이리"라는 시조詩調를 썼는데, 이를 현대어로 번역하면 이렇다. "대추가 붉게 익은 골짜기에 밤은 왜 떨어지며 벼 벤 그루터기에 게는 왜 내려가는가. 술 익자 체장사가 왔으니 먹을 수밖에 없구나."

여기서 게는 민물게인 참게를 말하는 것이며, 가을이 되어 추수할 무렵이면 논에 살던 참게들이 바다로 가는 습성을 표현한 것이다.

우리나라의 참게는 두 종류가 있는데, 동남참게와 금강참게로 구분할 수 있다. 금강 이북부터 한강, 임진강, 예성강에 사는 참게가 금강참게라 하고 주로 궁중에 진상하던 참게다.

동남참게는 섬진강과 동해안 하천에 주로 서식하는 참게다. 동남참게는 생김새가 금강참게와 다르며, 산란 시기도 달라 같은 참게라 해도 다른 종으로 보면 된다.

금강참게는 7월까지는 씨알이 작아 잘 잡지 않는데, 8월이나 9월초에는 껍질이 덜 딱딱해서 참게탕이나 민물매운탕을 해 먹으며, 9월 중순 이후부터는 살이 꽉 차기 시작하고, 알이 차고, 껍질이 단단해 져서 간장게장을 담아 다음해 봄부터 여름까지 귀하게 먹던 반찬이었다.

금강참게 중에 유명한 것이 바로 노성魯城참게다.

'노성魯城 윤씨 식도락食道樂하고, 연산連山 김씨 묘墓 치장하고, 회덕懷德 송씨 집치장 한다'는 말이 있고 논산에서는 '연산連山 닭 노성魯城 참게다'라는 말이 있다.

명재고택

계룡산에서 흘러내려 온 맑은 계곡물인 금강의 지천이 노성천魯城川으로 이어졌는데, 이곳에서 잡히는 참게는 다른 지역의 참게보다 다리에 털이 적고 등판이 넓으며 맛이 좋았다. 이를 '노성 참게'라고 불렀다.

노성참게는 조선시대에 임금에

게 진상하던 특산물로, 노성 들판에 벼가 누렇게 익어갈 무렵이면 이산현감(노성현감)이 임금에게 진상했다고 한다.

400여 년 전 조선 성종 때 지은 『동국여지승람東國輿地勝覽』 공주목 이산현(尼山縣: 현재 노성면) 토산土産 항목에 노성 참게가 실려 있는 것으로 보아 이 지역에서 일찍부터 게가 생산되었음을 알 수 있다. 특히 가을에 잡은 참게는 산란을 위하여 하류로 이동하기 때문에 살이 많이 올라 맛이 좋다고 한다.

노성참게는 명재明齋 윤증(尹拯, 1629~1714) 선생 종가의 내림 손맛으로 '간장게장'의 비법이 전해져 내려오고 있다.

노성면 교촌리 명재明齋 고택을 찾았다. 고택 한켠 넓은 마당에 장독대라고 하기에는 너무나 많은 장독들이 즐비하게 세워져 있었다.

이 명재明齋고택은 선생이 살아계셨던 1709년에 아들과 제자들이 힘을 합쳐 지은 것이지만 정작 선생은 고택에서 4㎞ 떨어진 유봉에 있는 작은 초가에서 살았다고 한다.

그래서 그럴까, 고택 옆에 초가집이 두 채가 있다. 한 채는 종가가 사용하고 있고, 한 채는 독서실이라고 한다.

종부를 직접 만나지는 못했지만 노성천에서 나는 참게에 생소고기 다진 것을 먹인 후, 미리 끓여 식힌 교동전독간장에 파, 마늘, 밤 등의 재료를 넣고 양념장을 만들어 게가 잠기도록 부어 만드는 노성게장 즉 간장게장은 논산 파평 윤씨 종가의 내림 음식이다.

2~3일 후 간장을 따라 내어 다시 끓여서 붓기를 세 번 반복하면 일 년 내내 깊고 한결같은 맛을 낸다. '노성게장'이 명재明齋 종가의 내림 손맛이라는 것을 입증할만한 자료로는 명재明齋 선생이 아들에게 '게장을 친척에게 선물로 보내라'고 당부하는 편지에서 엿 볼 수가 있다.

지금은 노성천까지 게가 올라오지 못하고 있다. 1990년 금강 하굿둑이 세워져 이로 인해 게가 노성천까지 올라오지 못하는 연유로 개체수가 급격히 줄기도 했지만 농약을 많이 사용해 생존율이 떨어졌기 때문이다.

이는 김영복 식생활문화연구가의 설명이다.

윤증은 숙종 때 '회니시비懷尼是非'로 불리는 갈등을 계기로 과거 스승으로 모셨던 노론의 영수領袖 우암 송시열과 갈라섰다.

당시 주류 세력이던 서인의 분열, 분당이었다. 윤증이 이끄는 소론은 집권 노론과 비교할 때 개혁적 소장파 색채가 강했다.

윤증과 명재고택은 파평 윤씨 35대손인 윤석열 대통령이 대선에서 승리하면서 재조명을 받았다. 당대 최고의 거물 송시열에 맞섰던 윤증은 윤 대통령의 10대조 종조부(할아버지의 형제)다.

윤증은 마당발이라는 표현이 부족할 만큼 다양한 유형의 친구들을 사귀었고, 당시엔 '유학 내 이단'이던 양명학을 공부하는 사람들과도 교류했다. 윤증이 "우리를 감시하려면 마음대로 하시라"며 담장을 부쉈다고 한다.

윤증의 경우 평생 관직을 맡은 적이 없다. 85세로 별세할 때까지 우의정을 포함해 10번 넘게 수많은 관직에 제수됐지만, 한 번도 받아들이지 않았다.

가정에서도 선비 집안은 자식들에게 염치(부끄러움을 아는 것)가 있어야 함을 가장 먼저 가르쳤다. 그러니까 '양반은 얼어 죽어도 겻불은 쬐지 않는다.'고 부끄러운 행동을 하지 말라고 어려서부터 일렀다.

명재고택 꽃담

이 '겻불'을 '곁불'로 써도 본래의 취지는 같을 것 같다. 겻불은 쌀겨의 아주 약한 불이고, 곁불은 여럿이 장작불을 쬘 때, 정면으로 불을 차지하지 못하고 어깨만 옆으로 밀어 넣어 불을 쬐는 구차한 모습을 말한다. 선비 체면으로는 말도 안 되는 빌어먹는 모습이다. 자존심을 심어주려는 훈계였다.

'선비는 본래 유교적 학덕을 쌓고, 염치와 예의를 알고, 절개와 지조가 있으며, 청렴하고 헤프지 않은 규모 있는 삶으로 상징되는 사람들이었다.

부름이 있으면 출사出仕하지만, 애써 벼슬을 탐내지 않고 유유히 산야를 소요하면서 시詩·서書·화畵를 즐겼고, 고고孤高한 비판정신은 불의, 부정을 용서하지 않았고, 나라의 위급시엔 결연 백의종군 의병으로 투신하는 사람들이었다.

그 양반의 모습엔 향수가 남는다. 옛날 양반들의 특권, 횡포, 출세욕은 날려버리고, 옛날의 산뜻한 선비의 모습은 어떻게 되살려 볼 길은 없을까?

목에 칼이 들어와도 불의와 타협하지 않고 다리가 꺾일지언정 무릎을 꿇지 않는 기개가 있었던 윤증선생 같은 선비들이 그립다.

한국민속촌

예로부터 '생거진천 사거용인生居鎭川 死居龍仁'이라고 했다. 살아서는 진천이 좋고, 죽어서는 용인이 최고라고 한 만큼 용인에는 명당이 많다.

실제로, 용인에는 정몽주, 채제공 선생 등 역사적 인물을 비롯해 김대중 대통령의 부모 묘, 삼성의 이병철 회장 등의 묘들이 자리한다.

용인은 속리산에서 북진해 경기 남부의 지형을 이룬 한남정맥의 간룡(幹龍, 내룡과 같은 말로 풍수지리에서 종산에서 내려온 산줄기를 의미)에 위치하며, 함박산→부아산→석성산→마성터널→법화산으로 이어지는 정맥의 간룡에 따라 물줄기로 두 개로 나뉜다.

이 가운데 한국민속촌(경기도 용인시 기흥구 보라동)은 서울에서 남쪽으로 약 41km, 경부고속도로 수원 I.C에서 동남쪽으로 3km 가량 떨어진 곳에 있다.

이곳은 22만 평의 부지 위에 마을 뒷산이 병풍처럼 두르는 산기슭 아래로 마을이 자리 잡고 있고, 마을 가운데로 작은 시내가 흐르고, 그 주변에 농경지가 펼쳐지는 전형적인 배산임수配山臨水의 터전이다. 한국민속촌은 민족문화 자원을 보존하고, 자라나는 2세들의 교육을 위한 학습장 및 내외국인을 위한 전통문화의 소개 등을 설립 취지로 1973년 착공한 후 1974년에 완공됐다.

실제 조선후기 또는 근대 건물을 각 지역에서 그대로 가지고와 현재의 부지에 옮긴 옛 사람들의 전통적인 생활상을 보여주기 위한 야외박물관인 셈이다.

한국민속촌은 기성세대들은 아늑한 고향의 정감과 향수를 느낄 수 있고, 자라나는 어린이와 청소년들은 우리 조상의 지혜와 슬기를 체험할 수 있으며, 외국 관광객들은 한국의 전통문화를 보고 느낄 수 있는 국제관광지다.

전국 각지에서 옮겨온 가옥들과 40여 년 동안 가꿔온 수목들이 자연스럽게 어울리는 속에 150년 전 우리 선조들의 생활을 그대로 재현한 국내 최고의 테마파크로 삼대가 함께 어울릴 수 있는 곳이다. 특히 당대의 사농공상의 계층별 문화와 무속신앙, 세시풍속 등을 재현, 전시하고 있다.

또 지방별로 특색을 갖춘 농가, 민가, 관가, 관아, 서원, 한약방, 서당, 대장간, 누정, 저자거리을 비롯하여 99칸 양반주택

등 대토호가가 재현되어 있고, 이곳에서는 농악, 줄타기, 마상무예, 전통혼례식 공연 및 기타 특별한 이벤트를 절기별로 갖고 있을 정도로 컨텐츠가 무궁무진하다.

장독대와 꽃담

99칸 양반주택은 일제시대 친일파 이근택이 사용하던 집으로, 지난 1973년 민속촌 건립 당시 수원 남창동에서 이전 복원됐다고 하지만 정확한 건축 연대나 건축자는 확인되지 않고 있다.

이 집은 지난 1950년 6 · 25 전쟁 당시 수원지방법원, 지방검찰청의 임시청사로 사용되기도 했으며 현재는 '여인천하', '대장금', '다모' 등 역사 드라마물 촬영지로 자주 이용되고 있다.

장터에 이르면 증편, 인절미, 북어구이, 빈대떡, 파전같은 우리 고유의 떡과 안주류에, 순 재래식으로 담근 동동주 등을 맛볼 수 있다.

볼거리는 더욱 많다.

관아는 지방행정을 담당하는 관리들이 공무를 집행하는 곳으로, 조선시대 양식으로 지어진 정문, 행랑, 중문, 정청과 내당이 있고, 뒤뜰에 감옥이 자리하고 있다.

중부지방 양반가는 앞서 말한 속칭 99칸 양반주택으로, 1861년 수원성 안에 지어졌던 건물을 그대로 옮겼다.

솟을대문, 줄행랑, 바깥사랑, 안행랑, 안사랑, 내당, 초당 등 유교를 숭배하던 상류층의 모든 살림공간이 갖추어진 전형적인 양반집이다. 제주 민가는 집이 낮고 3면은 돌벽으로 쌓았다. 시원한 큰 마루와 부뚜막이 없는 것이 특징이며, 울릉도 민가는 겨울이 길고 비바람, 눈, 습기가 많아 이중 외벽을 치고 통나무 귀틀벽으로 꾸몄다.

물론 울릉도에서 모두 원형대로 옮겨지었다. 그러나 '민속촌'하면 사람들은 식상하게 생각한다. 외국인 손님이 오면 '보여줘야' 하는 의무적인 관광코스이거나, 학생들이 단체로 찾아가는 판박이 관광지쯤으로만 여긴다. 한 마디로 너무 이름난 관광지라 감흥이 사라진 까닭이다.

하지만 한국민속촌의 화려한 가을을 만나 보라.

비처럼 날리는 낙엽을 맞으며, 수북수북 쌓인 나뭇잎을 밟으며, 청사초롱 이끄는 마을 안으로 들어서면 거기 조선의 가을이 산수화처럼 펼쳐진다. 이내 마음은 안에서만 열 수 있는 황금보화 가득한 보물 동굴이 된다.

장독대 위에도 가을이 가득히 담겨졌다.

부엌에 사는 조왕신이나 변소에 사는 측간신, 대문간에 사는 수문신, 장독대에 사는 철융신, 마구간에 사는 우마신, 굴뚝에 사는 장군신이나 광에 사는 업신들도 초가지붕 위에 멋스럽게 쌓인 낙엽들, 알몸으로 처마 끝에 매달려 곶감이 되어 가는 주황빛 감들을 보고 있을 게다.

한국민속촌은 한국의 각종 담장과 굴뚝의 집합소다. 아니, 수준 높은 퍼레이드를 '용인龍仁'은 진정으로 '용인容認'하고 있는가.

사라져 가는 우리 조상의 슬기와 지혜가 이곳 사대부 양반

한국민속촌 꽃담

가와 평민의 담장, 그리고 굴뚝에 올올히 배어 있다.

흙돌담, 토담, 바자울, 와편 담장 등 각종 담장이 발길이 닿는 곳마다, 눈길이 머무는 곳마다 기라성처럼 즐비하게 펼쳐져 있다.

특히 토석담과 옹기굴뚝의 조화 하며 울타리와 잘 어우러지는 나무 굴뚝도 보인다. 부엌 밖에 설치한 아궁이와 굴뚝도 이에 지지 않는다.

'기쁠 희喜'자를 두 개를 더하면 '쌍희囍'가 된다. 바로 이 '쌍희囍' 문양 글자 앞에 서 있다. 기쁨이 곱절이라는 의미를 담고 있는 굴뚝과 합각의 모습이 보인다.

이에 질세라, 부귀와 영화의 상징인 모란꽃 문양도 그 화려함에 압도당하게 만든다.

고풍스런 담장 안의 굴뚝, 참으로 아름답다 못해 곱디곱다. 저 굴뚝의 사방은 비슷한 것 같으면서도 실제로는 보는 위치에 따라 제각각 다른 문양을 뽐낸다. 모란 등 꽃들과 함께 와편(기와) 담장의 조화가 더욱 흠뻑 묻어난다. '쌍희囍'가 보이는 굴뚝 뒷켠으로 아낙네의 콩을 삶는 모습이 보인다. 바로 옆 주련의 글귀는 '심지광명월재천心地光明月在川'이니 '마음의 본바탕은 광명함에 있음이요, 달은 개울가에 도도히 흐른다'는 의미인가.

돌담을 너머 바라 본 한국민속촌의 초가는 고향의 모습 같다. 정겨운 초가의 마루 앞 돌담을 끼고 돌아가면 우물가가 나오고, 바로 그 곁으로 아낙들의 웃음소리도 들린다. 지금까지 한 번도 담아보지 못한 장 담그기를 용기 내어 시도해 보고 싶은 마음이 든다.

먼저 좋은 콩을 고르고 콩을 삶아서 메주 틀에 넣고 메주를 만들고 메주를 잘 띄워서 항아리에 넣고 장을 담근다. 많은 항아리들이 줄지어 서 있는 모습을 보고 있다면 왠지 부자가 된 듯 하지는 않을까.

비록 궁핍의 흔적이 역력한 사람이더라도 뒤뜰의 장독대는 햇살을 받아 더욱 넉넉하리니 모든 사람들이 한국민속촌에서 커다란 위안을 얻어가리라.

봉화 계서당

우리 고전 가운데 이른바 '국민소설'로 '춘향전'을 꼽는데 이견이 있을까. '춘향전'에 대한 애착은 이미 20여 번이나 만들어진 영화에서도 드러난다.

아름답고, 지적이고, 지고지순하면서도 열정적인 춘향이와 잘 생기고 집안 좋고, 은근한 위트의 이몽룡의 사랑, 거기에 방해꾼 변학도와 감칠맛 나는 조연 향단, 방자, 월매, 그리고 순탄치 않았던 사랑의 극적 해피엔딩, 거기서 그치지 않는다.

백성의 피를 빠는 탐관오리가 정의의 어사출두 앞에 벌벌 떠는 모습은 공공연한 사회악에 울분을 느꼈던 사람들에게 카타르시스마저 준다.

그러나 춘향전, 흥부전, 심청전, 장화홍련전 같은 우리 고전 작품들은 시대와 역사에 따라 다양한 해석과 관찰이 가능하기 때문에 일률적으로 어떤 기준을 갖고 대하기가 무척 어렵다.

춘향전과 관련된 근원 설화만 하더라도 박색설화, 열녀설화,

계서당 전경

암행어사 설화, 성이성 설화 등이 있으며, 숙종 때에 이르러 창작된 소설 춘향전의 이본만 해도 무려 120종이 넘을 정도다.

남원에 춘향이라는 기생이 있어 아자제 도령을 사모하다가 죽었으므로 원귀가 되어 남원에 재앙을 가져오므로 액풀이하는 제의설에 근원을 두고, 양진사가 제문으로 창작했다는 신원설화가 있다.

노진, 조식, 성이성, 김우항, 박문수 등 고사에서 야담으로 형성된 암행어사 설화, 열녀설화, 조선조 야담에 보이는 도령과 기생과의 애련설화에 근원을 두고 있다는 설 등이 바로 그

계서당 종택 솟을대문

것이다.

아무튼 춘향전은 한국 고대소설의 대표작으로 판소리 12마당의 하나이다. 조선 영조, 정조 전후의 작품으로 추측될 뿐, 작자, 연대는 미상이라는 설이 가장 많다.

그런데 남원의 유학자이자 임진왜란 당시 의병장을 지냈던 조경남(趙慶南, 1570~1641)장군을 고소설 '춘향전'의 원작자로 본 '춘향전'이 있어 눈길을 끈다.

연세대 국어국문학과 설성경교수는 '춘향전의 비밀(서울대 출판부, 2002)'과 '춘향전(책세상, 2005년)'을 통해 소설 '춘향전'은 남원에 살았던 조경남장군이 1640년쯤에 쓴 것이 확실하다는 결과

물을 내놓았다.

특히 단행본 '춘향전'은 남원부사 성안의(成安義, 1561~1629)의 아들인 성이성(成以性, 1595~1664)을 주인공 이몽룡의 모델로 삼은 게 '원춘향전'이라는 주장이다.

조경남장군은 가상 인터뷰를 통해 원작자 조경남이 직접 '춘향전'의 집필 배경과 성이성이란 인물에 대해 밝히고 그 구체적인 증거를 제시한다. 성이성이란 인물을 모델로 '원춘향전'을 창작했다는 것은 설교수의 학설이다.

춘향전의 저자와 집필 연대가 구체적으로 언급된 것은 처음으로, 더욱 관심이 모아지고 있다. 오늘날 독자들은 춘향을 미모와 덕성을 갖춘 이도령의 사랑스러운 연인으로만 생각하고 있다.

그러나 이 '춘향전'은 춘향의 사랑과 수절만을 다룬 이야기가 아니다. 변사또에게 굴복하지 않고 이몽룡과의 약속을 지킨 춘향은, 자신이 정한 약속을 위해 죽음도 두려워하지 않은 아름다운 인간이다.

즉, 원작자 조경남은 '춘향전'을 통해, 천한 기생인 춘향도 목숨을 걸고 약속을 지켜 열녀가 되는 마당에 나라를 위해 목숨이라도 던져야 할 지체 높은 사대부들은 임병양란 동안에 그런 충성과 절의를 보여주지 못한 부끄러운 사실을 풍자하고자 한 것이다.

사랑채 누마루 기단부의 꽃담

옥중에 갇힌 춘향이 곤장을 맞으면서 '열녀불경이부烈女不更二夫요, 충신불사이군忠臣不事二君'이라고 절규한 이유도 여기에 있다.

이몽룡은 봉화의 실존 인물 성이성이라고 한다.

"'속잡록續雜錄', '역대요람歷代要覽', '소견록逍遣錄', '병옹자전病翁自傳'을 쓴 조경남의 문집과 그의 제자 성이성이 쓴 '호남암행록湖南暗行錄'이 결정적인 단서였습니다. 조경남의 문집에 자신의 대표작이 '춘향전'임이 기록돼 있고, '호남암행록'을 통해 이도령의 모델을 찾아낸 것이죠."

조경남장군은 당시 남원부사였던 부용당 성안의의 부탁으로 아들 성의성을 가르쳤고, 성이성은 과거 급제 후 1639년 암행어사로 남원에 몰래 내려와 스승 조경남과 하룻밤을 보냈다는 기록이 호남암행록에 자세히 열거돼 있다는 것이다.

실제로, 성이성은 문과에 급제한 후 진주부사 등 6개 고을의 수령을 지냈고, 3차례나 어사로 등용됐으며, 근검과 청빈으로 이름 높던 청백리였다. 먼저, 춘향과 사랑을 나누던 이몽룡의 나이에 성이성이 남원에서 지냈다는 사실이다.

'조선왕조실록'을 보면 성안의가 남원부사로 부임한 것은 선조 40년(1607년), 이때부터 광해군 3년까지 5년 동안 남원에 머물렀다. 이때 성이성의 나이는 13세부터 17세 사이. 16세에 춘향을 만나 사랑하고 그 이듬해인 17세에 헤어진 이몽룡과 같다. 또, 성이성의 성품이 곧아 여러 차례 어사로 임명돼 암행했었다는 사실도 또 하나의 근거가 된다.

성이성이 1647년 11월 기록한 흥덕과 고창의 기사

'춘향전' 이도령 실제모델인 성이성이 인조25년(1647) 다시 호남 암행어사를 제수 받아 호남 각지를 다니며 감찰한 뒤 돌아오기까지의 과정을 일지 형식으로 상세히 기록했습니다. 이를 호남암행록이라고 합니다. 이 일기 12월1일에 보면 남원 광한루에서 어릴 적 옛일을 생각하며 잠을 이루지 못했다고 합니다.

11월 14일

새벽에 길을 떠났다. 흥덕興德 땅에서 아침을 먹었다. 흥덕현을 멀지 않게 바라보면서 비가 내리는 것을 무릅쓰고 출발했다. 저녁에 이준李俊에게 따로 떨어져서 가도록 지시했다. 이준에게 고창高敞 읍내의 아랫마을에서 묵도록 지시하고 나는 윗마을에 있는 이득립李得立의 집에서 묵었다. 이득립은 나이가 예순이 다 되어 갔지만 순박하고 정직했다. 한 방에 같이 앉아서 고창현에 관계된 사항들을 자세히 물었다. 이득립은 전후 현감들의 정치 상황을 매우 상세하고 분명하게 줄줄이 이야기했다.

곧바로 현임 현감의 정치에 대해서 물었더니 다음과 같이 말했다.

"1588년(선조 21년)생으로 위로는 팔순의 노친이 계시고 아래로는 다섯 명의 아들이 있습니다. 정말로 복 받은 사람이지요. 별달리 백성들을 수탈한 일은 없습니다만 하루도 술에 취하지 않는 날이 없고 취했을 때는 전혀 일을 돌보지 않습니다. 실수를 저지르는 것은 말할 나위도 없고요. 요즘은 황달 증상이 있어서 많이 마시지는 못합니다." 해가 지자 그의 아들 신길信吉이 공관에서 돌아왔다.

연락해서 오도록 하여 밤늦도록 이야기했는데 말하는 내용이 그의 아버지와 꼭 같았다. 내가 상세하게 묻자 신길은 질문에 바로바로 대답하다가 끝에 가서는 의심이 생기기 시작했는지 갑자기 사또를 칭찬했다.

그러고는 혹시 암행어사가 다닌다는 말을 들었는데 진짜인지를 물었다. 전주에 왔을 때 나도 들었는데 정말인지는 알 수 없다고 말했다. 신길이 말했다. "우리 사또의 자제가 연지동蓮地洞에 살고 있는데 며칠 전에 사람을 보내 알려오기를 '대간臺諫들의 보고서에 의하면 어사의 행장을 차리라는 명령이 있었다고들 합니다.'라고 했고 오늘 아침에 옥구 현감沃溝縣監이 우리 사또에게 편지를 보내 어사가 만경萬頃에 당도해서 며칠 동안 경내에서 나가지 않고 있어서 만경 사또가 움츠려서 제대로 앉지도 못하고 있는 상황이라고 알려 왔습니다."

11월 15일

새벽에 길을 나서 고창에서 아침밥을 먹었다. 집주인이 하는 말이 간밤에 들었던 내용과 다르지 않았다. 서리書吏가 밤부터 아침까지 들었던 내용도 대동소이하였다. 돌아오는 길에 비를 만났다. 흥덕에 도착해서 길가의 집에 들어가 말을 쉬게 하였다. 고창현에서 10리 떨어진 거리였는데도 고창 사또에 대해서 곧잘 말했다. 날이 저물자 정읍으로 들어갔다. 어두워진 후에 서리書吏를 보내 정읍 사또에게 식량을 받아왔다. 사또가 관아의 노비를 거느리고 걸어와서 밤에 이야기를 나누었다.

성이성의 호를 딴 계서당(경북 봉화군 물야면 가평리, 중요민속자료 제171호)은 생가이자 문중 자제들의 훈학訓學과 후학 양성에 힘쓴 곳으로 전해졌다. 봉화지역의 문신 성이성이 춘향전의 이

계서당 종택과 꽃담

몽룡의 실제 모델이었던 것으로 알려지자 봉화군이 이를 부각시켜 그의 생가를 '고전적인 사랑의 메카'로 만들겠다고 나서고 있는 것도 바로 이 같은 이유 때문이며, 그 하나로 '이몽룡 테마타운 조성 사업을 추진하고 있다. '남원이 춘향이면 봉화는 이도령'으로 등식을 성립한 셈이다.

국가민속문화유산 봉화 계서당 종택(奉化 溪西堂 宗宅)은 소나무 숲이 우거진 동산 기슭에 남향으로 자리잡고 있는 집으로 조선 중기의 문신 계서 성이성(1595~1664)이 조선 광해군 5년(1613)에 지었다고 전한다.

성이성은 문과에 급제한 후 6개 고을의 수령을 지냈고, 3차례나 어사로 등용되었을 정도로 청렴한 관리로 이름이 높았다.

사랑채는 후에 넓히거나 다시 지은 것으로 추측된다.

아래쪽 마당 끝에 대문간채를 두고 그 북쪽 높은 곳에 사랑채와 안채가 하나로 연결되어 'ㅁ'자형 집을 이루고 있다. 대문간을 들어서면 비교적 넓은 사랑마당이 있고 맞은편 높은 곳 서쪽에 중문간채가 있다. 동쪽에는 사랑채가 자리 잡고 있고, 사랑채 서쪽의 중문으로 들어서면 안채가 있다. 또한 동북쪽에 따로 담장을 둘러 사당을 배치했다.

이곳의 안채와 사랑채는 다른 곳과는 다른 특징을 보이고 있다. 안채는 도장방이 많은 것이 특징이고, 사랑방은 대부분 홑집으로 구성하는데, 이 집은 겹집으로 만들어 안채의 날개집 구조에 큰 변화를 가져왔다.

안채부분은 약간 변형은 되었지만 경북 북부지방 'ㅁ'자 민가의 옛 모습을 간직하고 있는 집으로 주택발달사 연구에 좋은 자료가 된다.

조경남은 자신을 찾아온 제자 성이성과 함께 광한루에서 밤새 이야기를 나눴고, 제자를 이도령의 모델로 삼아 '원조 춘향전'이라 할 최초의 춘향전을 지었다.

춘향전의 암행어사 출두 대목에 나오는 '금준미주金樽美酒'란 시를 처음 소개한 이가 조경남이란 점도 조경남이 춘향전의 저자임을 증명하는 또 다른 대목이란다.

> '어사께서 곧 종이 한 장을 청하여 시를 쓰기를, '항아리 속의 아름다운 술은 천 사람의 피요, 쟁반 위의 좋은 안주는 만백성의 기름이라. 촛물이 떨어질 때 백성의 눈물 떨어지고, 노랫소리 높은 곳에 원망 소리도 높구나' ……' 여러 사또들이 돌려 보고서 의아해할 때에 서리들이 '암행어사 출두'를 외치며 곧장 들어오자 여러 사또들이 한꺼번에 모두 흩어졌다'

그런데 이 시는 조경남장군이 '속잡록'에서, 명나라 장군 조도사가 광해군의 흥청대는 궁중 잔칫상을 보고 읊은 풍자시라고 소개한 바 있다.

조경남장군은 후에 '춘향전'을 쓰면서 이 어사가 변 사또를 향해 부른 것으로 이 시를 허구화했고, 성어사의 후손들은 허구 속의 이야기를 자신들의 선조 성이성의 실화라고 전하게 됐다. 조경남장군이 '속잡록'에 인용한 시 '금준미주'가 '춘향전'의 암행어사시와 같다.

또, 설교수는 조경남의 '원춘향전'(1640년)이 이도령 중심의 이야기였으나 18세기에는 춘향 중심으로 바뀌었고 19세기에야 이도령~춘향 중심으로 발전해왔음을 밝힌다. 이러한 판본 가운데 가장 정제된 결정판은 대중들이 가장 즐겨 읽어온 완판 84장본 '열녀 춘향수절가'이 아닌가.

설교수는 옛 연인(또는 춘향)은 기생이었음이 분명하고, 그 중에서도 관기였을 것으로 추정된다고 보고 있다. 즉, 옛 연인(또는 춘향)이 성이성과 이별한 뒤 연정을 지키려다가 사적인 행동이 용납되지 않는 관기사회의 규제 때문에 억울하게 죽었다는 것이다.

이와 함께 설교수는 조경남이 남원에서 평생을 보냈고, '난중잡록' 등의 역사 기록이나 '병옹자전' 등 문학성이 짙은 작품을 남긴 상당 수준의 문필가인 점도 그가 저자일 가능성을 높여주는 대목이라고 말했다.

단행본 '춘향전'이 신분철폐, 신분상승을 열망하는 이름 없는 민중들의 소산이라는 학계의 통설을 뒤집고 임진왜란과 병자호란으로 붕괴에 봉착한 봉건질서의 회복을 꿈꾼 유학자의 작품이란 점이 주목되지만, 이를 뒤엎을 반론 또한 만만치 않은 현실이다.

구례 쌍산재

쌍산재雙山齋는 200여 년의 역사를 지닌 고택이다. 운조루, 곡전재와 더불어 구례군의 3대 전통가옥에 속한다.

면적은 5,000여 평(약 1만 6,528m²)에 달해 널따랗다. 공간을 주도하는 구조물은 10여 채의 한옥들이다.

방점을 정원에 찍을 수도 있다. 조선 양반가의 별장인 이른바 '별서정원'이 공존한다. 수려하고 담박해 품격 넘치는 정원이다. 2018년 '전남 민간정원 5호'로 지정돼 쌍산재의 명성과 가치를 한층 돋우었다.

쌍산재는 해주오씨海州吳氏 문양공후文襄公後 성균진사공파成均進士公派 23세손 휘諱는 형순炯淳, 자字는 내명乃明, 호號는 쌍산雙山의 서재이다.

쌍산재雙山齋란 이름은 오경영 씨의 고조부 오현우의 아호 쌍산雙山과 집재齋가 합해져 붙여진 이름이다.

'쌍산'의 호는 고조부와 친분이 두터웠던 마을 주민이 이사

쌍산재 별채와 죽노차밭 숲길

하자 두 가문이 영원히 사이좋게 지내길 바라고, 두 개의 산처럼 세상에 덕을 쌓으며 살자는 의미로 지었다고 한다.

예스러운 건물들과 온갖 나무가 우거진 정원이 한데 어우러져 한번 들어가 본 사람들 사이에서는 감탄을 연발할 수밖에 없다.

사랑채와 안채를 지나 뒤뜰 서당채로 가는 길에 있는 대나무와 동백나무 숲길과 함께 그 위로 펼쳐진 넓은 잔디밭 등이 아름답기로 유명하다.

종가는 사친事親, 돈목敦睦, 근학勤學, 계주戒酒, 택교擇交, 절용

전남 구례 쌍산재 안채와 굴뚝

節用 등 14가지 실천 덕목을 사당 현판에 새기고 자손들이 지키도록 했다. 살기 좋은 마을 양택에 서재를 세워 학문하며 선비다운 삶을 실천한 선조들의 정신을 계승하고자 힘쓰고 있다.

쌍산재는 살림 공간, 서당 공간, 그리고 정원으로 대별된다. 이와 같은 구성법만 봐도 규모와 내용이 범상치 않은 걸 직감할 수 있다.

사실 민간 고택 가운데 쌍산재처럼 다채로운 풍광과 미감을 옹골차게 누릴 수 있는 곳은 드물다. 옛집의 아취와 정원의 자연미가 어우러져 압도적인 멋을 풍긴다.

"와! 이토록 좋은 곳이 있다니!" 처음 찾아든 이들은 흔히 찬탄한다. 선계仙界 한 자락을 보는 것 같다고 너스레를 떠는 이도 있다.

그런데 쌍산재 초입의 모습은 뜻밖에도 여염집처럼 소박하다. 떡 벌어진 솟을대문 대신 작은 문이 조촐하게 달려 있을 뿐이잖은가.

어쩌다 그냥 수더분한 모양새가 나온 건 아니다. 자세를 낮추어 일부러 간소한 대문을 세웠다. 이 집안사람들의 성품과 기풍이 원래 그런 것이었다고 전해진다. 과욕과 과시의 자제를 관습으로 삼았으며, 외면보다 내면의 충실을 추구했다.

대문 옆엔 '당물샘'이라 부르는 특별한 우물이 있다.

> 千年古里 甘露靈泉, 飮此水者 壽皆八旬
>
> 천년고리 감로영천이요, 음차수자 수개팔순이라

천년 된 마을에 이슬처럼 달콤한 신령스러운 샘이요, 이 물을 먹은 사람은 팔십 이상의 수를 한다고 한다.

예부터 '지리산 약초 뿌리 녹은 물'이 흘러드는 약천藥泉으로 지목돼 널리 알려졌다. 그래 많은 사람들이 쌍산재 안으로 들어와 물을 떠갔는데, 이를 마땅치 않게 여긴 주인이 아예 담장

쌍산재 호서정

을 뒤로 빼 샘이 집 밖에 위치하도록 고쳤다.

주인의 눈치를 보지 않고 편하게 용무를 볼 수 있게 배려했던 것. 이게 어디 평범한 행장이랴. 거창한 서비스는 아닐망정, 남을 또 하나의 나로 바라보는 눈길이 환히 비친다.

쌍산재 사람들의 됨됨이를 읽을 수 있는 대목은 더 있다. 대문으로 들어서면 바로 보이는 살림채 중 안채 마루에 있는 뒤주의 용도 역시 이타적인 것이었다. 춘궁기에 양곡을 뒤주에 채워놓고 굶주린 이들이 가져갈 수 있게 했다.

그리고 덕을 본 사람들이 다음 해 농사 후 가져간 만큼의 곡식을 뒤주에 채워 넣게 했다. 선제적인 공공복리이자 떳떳한

거래의 본이다.

대가족이 딸린 쌍산재의 형편은 그다지 넉넉지 않았다. 그러나 나 몰라라 하지 않았으니 대범하다. 조선조 계급사회에 까칠하고 쩨쩨한 처신으로 일관한 양반이 흔했지만 쌍산재 문중 사람들은 달랐다.

그렇다면 정원의 모습은 어떤 것일까. 남들의 기를 죽이는 화려함과 사치를 도모하는 식의 야한 인품과 거리가 먼 사람들의 정원답게 군더더기 없이 정갈하고 청명하다. 살림채를 지나 소로를 잠시 오르면 대나무들이 있다. 정원의 서막이 이렇게 대숲과 함께 열린다.

쌍산재 굴뚝

대나무는 줄기부터 잎까지 마냥 푸르러 한번 척 봐도 싱그럽고, 오래 여겨 봐도 도통 질릴 게 없는 식물계의 셀럽이다.

시대 불문, 팬덤을 거느렸다. 곳대와 고고함과 결기의 상징으로 대나무를 능가할 나무가 없기 때문이다.

쌍산재의 선대가 이렇게

진정 잘난 대나무들의 촌락을 정원 들머리에 조성한 이유는?

아마도 대나무를 정신의 양식으로 삼았기 때문일 테다.

슬하 자식들의 가슴팍에도 대나무 한 그루 심어주고 싶은 기분이었을 것이다. 당부한 건 하나였으리라. '야들아, 똑 대나무처럼만 살아다오!'

예부터 사람들은 대나무를 통해 배우고자 했다. 나무의 생애에 몰아치는 파란에 아랑곳없이 오직 곧고 푸르게 존재하는 대나무보다 출중한 나무가 다시없다고 봤다.

특히 사대부들에게 대나무는 유난한 절친이자 미더운 길라잡이였다. 추사의 글귀를 보자. 그가 누린 일상의 루틴이 나온다.

다섯 이랑엔 대나무를 심고
다섯 이랑엔 채소를 가꾸며
반나절은 고요히 앉고
반나절은 책을 읽는다

옛사람들의 대나무 편애는 못 말릴 습벽이었다. 거친 세파에 치여 스타일 구긴 뒤 산림에 은둔, 그저 고사리로 연명할망정 초옥의 뜰엔 흔히 대나무를 가꾸었다.

대나무에 마음을 두어 울분을 달래고 속기俗氣를 털어냈다.

대를 기를 형편이 안 될 경우엔 묵죽墨竹을 벽에 걸어 심사를 다독였다.

그러고 보면 바람에 일렁이며 청아한 소리를 내는 대숲을 바라보는 이 순간의 나에겐 홍복이 터진 셈이다. 대숲의 진경이 있는 사색의 오솔길에서 노닐다니. 삶이 썩 괜찮은 소풍으로 느껴지는 건 대체로 이런 때다.

대숲을 지나 온갖 나무들이 즐비한 길 끝에 이르면 서당 공간과 정원이 펼쳐진다. 곱살하게 잘 늙은 기와집들이 정겹다.

정원은 숫제 초록 물감을 쏟아부은 수채화다. 녹음에 물든 기와에도 초록이 얹혀 있다.

이렇게 옛집과 정원이 자연스럽게 어우러져 심원한 풍치를 빚어낸다. 소박하지만 수려하고, 꾸민 바 있지만 절로 생겨난 듯 천연스럽다.

사람들은 일쑤 쌍산재를 '비밀의 정원'이라 부른다. 이게 뻥은 아니다. 감춰진 듯 고요한 후원에 이르러 비로소 정원의 전모가 드러나니까. 아울러 비밀처럼 은근히 깊은 맛을 풍기니까.

정문을 지나 쌍산재에 들어간다. 관리동에서 입장료를 내고 유자차를 주문한다. 맞은편에는 '윤스테이'에서 봤던 풍경이 펼쳐져 있다. 넓은 마당이 가운데에 자리를 잡고 있고, 주변에 안채와 사랑채가 서로 마주보고 서 있다. 각 건물의 마루에 자리를 잡아 김이 모락모락 오르는 차를 마시는 내방객들의 모습이 보인다.

이곳에서만 차를 마셔야 하는 것은 아니다. 차를 들고 다른 건물로 갈 수도 있다. 관리동 뒤로 이어지는 죽노차밭 숲길이 그곳으로 이어지는 통로다.

숲길을 따라가면 절벽에 자리를 잡아 굽이굽이 흐르는 강물의 풍경을 즐기는 곳에나 어울릴 만한 누각처럼 보이는 별채가 나타난다.

조금만 더 지나면 호서정이 나온다. 두 곳의 마루에도 차를 마실 수 있도록 소반이 차려져 있고 방석이 깔려 있다.

호서정에 유자차 잔을 놓고 앉는다. 바로 앞은 꽤 오래 전부터 조성한 것으로 보이는 대나무 밭이다.

마침 제법 거칠게 바람이 분다. 바람에 휘날린 대나무 잎들이 부딪히는 소리가 사각거린다. 호서정은 앞으로는 대나무 밭, 뒤로는 나지막한 언덕으로 둘러싸여 있어 바람의 영향을 거의 받지 않는다.

여기에 유자차의 따뜻한 온기가 주위를 데우고 있어 사성암에서 느꼈던 한기는 어느 새 몸에서 빠져나가버렸다.

쌍산재 서당채는 문중의 큰어른 오형순 선생이 학문을 했던 자리다. 그는 출세엔 관심 없었다. 수신修身을 과업으로 삼았을 뿐이다.

자연과 더불어 안분지족한 자연옹自然翁이었다. 은자 특유의 무욕으로 세월과 세상의 속박에서 벗어났다. 이런 인물이야말로 걸림이 없는 무적함대다.

정원 연못엔 연꽃이 피어 밝다. 진흙탕을 딛고 물 위로 올라왔지만 잡티 없이 맑은 꽃. 불가에서 연꽃은 인간의 가장 난해한 적인 탐진치貪瞋痴의 극복을 상징한다.

제3부

역사가 숨 쉬는 꽃담

귀신사 굴뚝

예로부터 과부寡婦는 남편을 잃고 홀로 지내는 여자를 말한다.

'과寡'는 '홀로'라는 뜻으로, 과부는 '짝 없는 지어미'를 뜻했다. '과부'는 과붓집 높임말로 과부댁寡婦宅 과수댁寡守宅 과댁寡宅 등으로도 불렀다.

또 홀어미라고도 부르고 남편을 미처 따라 죽지 못한 사람이라는 뜻으로 미망인未亡人으로 불렀다. 옛날에는 '상배여성'喪配女性라 부르기도 했다. 옛날 가부장 제도에서는 여성들이 배우자를 잃었을 때 죽은 배우자와 함께 산채로 순장하는 경우도 있었다.

조선시대 성종 8년(1477년) '과부재가寡婦再嫁 금지법'을 시행, 과부 결혼을 금지했으며, 1894년이 되어서야 이를 허용했다. 다음은 성현의 '용재총화'에 나오는 이야기다.

'선비 정 모鄭某가 상처喪妻 즉 아내를 잃은 뒤, 남원에 부잣집 과부가 산다는 말을 듣고 배우자로 삼으려고 했다. 날을 가려 정혼하고, 정鄭이 먼저 군청에 이르러 예물을 갖추었다. 과부가 계집종을 보내어 그 행동거지를 보게 했다.

계집종이 돌아와 보고하기를, "수염이 많은데다가 털모자까지 썼으니 늙은 병자임에 틀림없습니다"라고 아뢰었다. 과부가 실망하면서 말하기를, "내가 나이 젊은 장부丈夫를 얻어 늘그막을 즐기고자 했는데, 이런 늙은이를 어디다 쓰리오"라고 했다.

군청 관리들은 촛불을 켜들고 둘러싸서 과붓집으로 갔다. 하지만 과부는 문을 닫고 들어오지 못하게 하여, 정선비는 들어가지 못하고 할 수 없이 되돌아갔다.'

남원 부잣집 과부는 정선비가 재혼 대상으로 적합한지 살펴보고 나이가 너무 많다면서 반대를 했다.

더욱이 연하의 남편을 얻어 늘그막을 즐기려한다는 소망은 재혼 여부와 대상을 스스로 선택해 행복을 추구했음을 볼 수 있게 하는 대목이다.

'청상과부靑孀寡婦'란 젊어서 남편을 잃고 홀로된 여자를 말하고 있으며 줄여서 청상靑孀, 청상과수, 청춘과부라 부르기도 했다.

'청상과부와 홀어미다리'는 김제시 금산면 청도리 청도원마을에서 과부인 어머니가 쉽게 홀아비를 만날 수 있도록 징검

귀신사 대덕광전 배면

다리를 놓아 드렸다는 효행담이자 다리유래담이다. 이는 어머니에게는 효성, 돌아가신 아버지에게는 불효가 된다는 효불효 설화孝不孝說話이기도 하다.

옛날 청도원마을에 청상과부가 살고 있었다. 일찍 남편과 시부모를 잃고 혼자 몸으로 남매를 키운 후 모두 출가시켰다. 과부댁은 억척스럽기로 소문난 여장부였다. 그러나 나이가 마흔이 넘자 차츰 사는 것이 허무하고 마음 붙일 곳이 없어 쓸쓸한 나날을 보내고 있었다. 그러던 어느 봄날 과수댁은 마을 앞의 개울을 건너 밭에 씨앗을 뿌리러 가다가 어려서 한 동네에서 자랐던 사내를 만나게 되었다. 오랜만에 만난 둘은 그 동안에 살아온 이야기를 나누던 끝에 사내는 일찍이 상처해 홀아비가 되었고 여자도 홀어미라는 사실을 알았다. 그날 이후, 두 사람은 남몰래 밤이면 서로 만나 정을 나눴다.

홀어미는 개울 건너 언덕바지에 혼자 살고 있는 홀아비 집에 가려고 밤마다 개울을 건너갔다. 매일 밤마다 어머니가 집을 나갔다가 새벽녘에야 돌아오는 것을 알게 된 아들은 어느 날 밤에 어머니의 뒤를 따라갔다.

홀어미다리

아들은 어머니와 이웃 마을의 홀아비가 서로 정분이 난 사실을 알게 되었지만 그런 사실을 일일이 따질 수도 없는 처지였다. 착한 아들은 오히려 어머니를 측은하게 생각하고 이 사실을 덮어 두었다.

그런데 밤마다 개울을 건너 사랑하는 사람을 찾아갔다가 물에 흠씬 젖은 옷을 말리느라 고생하는 어머니가 불쌍했다. 아들은 아예 어머니가 개울을 편안하게 건널 수 있도록 징검다리를 놓아주기로 결심했다.

효성이 지극했던 그 아들은 자기 아내와 함께 인근에서 널따란 돌을 캐어다가 어머니가 건너다니는 개울가에 징검다리를 놓아드렸다. 이후 동네 사람들이 이 사실을 알았다. 마을 사람들은 어머니를 위해서 이렇게 지극한 효성을 다하는 아들을 칭찬하고 다리 이름을 '홀어미다리'라고 불렀다고 한다.

이는 청상과부가 된 어머니의 행복을 위해서 효심이 지극한 아들이 다리를 놓아줌으로써 어머니가 행복을 찾게 했다는 효행담이다.

도덕적 · 윤리적 차원에서 어머니가 정숙하지 못한 것처럼 보일 수도 있었지만 일찍이 혼자 몸으로 자신들을 키워낸 어머니에 대한 효심이 나타난 것을 볼 수 있다. 요즘 현대 사회에서도 자식들이 부모의 노후를 위하여 홀로 된 어머니나 아버지의 재혼을 적극 서두르는 일들이 많이 있다.

귀신사 밑에 자리한 '홀어미다리'를 지나가면서 이 징검다리가 갖는 사랑의 의미를 다시 한 번 생각해본다.

김제 귀신사歸信寺의 뜨락, 요사채 옆에 장독대가 있고 대적광전 앞 배롱나무는 꽃잎을 떨어뜨리며 마지막 열정을 불사르고 있다.

바람이 불면 바람에게 길을 묻고, 비가 오면 비를 맞으며 길을 걷고, 눈이 오면 눈송이를 바라보며 길을 돌아보는 그런 시간을 기다리면서 이곳에 왔다. 부디, 저의 믿음이 헛되지 않기를 바란다.

가을이 짙게 스며드는 고즈넉한 절집, 알 굵은 은행이 절 앞 계단을 뒹굴고 감나무 휘어지게 열린 감들이 웃음을 자아내게 한다.

세상사, 저 감처럼 주렁주렁 매달린 채 빨갛게 익어 모두 잘 익을 수만 있다면 얼마나 좋을까. 그래서 한 번 이곳에 오면 반드시 다시 돌아오리라 믿는 그런 절로, 내년 가을에 다시 돌아갈 것이라는 믿음을 갖고 오게 된다.

소설가 양귀자가 '숨은꽃'의 무대로 설정, 사랑했던 귀신사. 작가는 이곳을 일컬어 '영원을 돌아다니다 지친 신이 쉬러 돌아오는 자리'라고 했다.

하지만 귀신사의 이름은 국신사國神寺, 국신사國信寺, 구순사狗脣寺, 귀신사歸神寺, 귀신사歸信寺 등 몇 번이나 변했다.

지금은 돌아올 귀歸, 믿을 신信이니 '믿음으로 귀의한다'는 뜻으로 해석해본다.

한때 화엄십찰華嚴十刹의 하나로 금산사보다 컸을 것으로 짐작되는 귀신사, 참 오랫동안 그리워했던 장소이다.

그리워했던 시간만큼이나 내 마음 안에서 크게 자란 장소일 터이다. 그렇다. 삼라만상은 그리워하는 마음의 크기만큼만 나에게 의미를 지니고 있다.

귀신사는 일주문이 없다. 절 마당 한켠에 놓인 평상이 전부로, 지나는 길에 '멍하니' 앉아 쉬어 가기 안성맞춤이다.

> "… 눈으로 보지 않고 마음으로 보면 상당히 많은 말을 하고 있는 절이 귀신사였다. 드러나는 아무 것도 없으면서 모든 것을 다 가지고 있는 낡고 허름한 귀신사의 풍경은 여행 중의 온갖 화사한 기억을 다 물리치고 가장 오래도록 내 마음에 머물러 있었다."

이는 '숨은 꽃'에 나오는 대목이다. 작가는 귀신사를 보고 '오랜 시간 마음으로 보고 마음으로 채워 가라는 속뜻을 담고 있는 절'이라고 귀띔한다.

귀신사는 여타의 가람처럼 사천왕문도 없다.

밝은 빛 맑은 소리, 찬란한 금빛 울림을 전하는 풍경소리가 가슴 밑바닥 감수성을 적시는 메마른 내 가슴에 꽃비가 되어 저 멀리로 날렵한 처마훑고 지나가는 바람에 법음을 고스란히 전달해준다. "눈을 떠라! 물고기처럼 항상 눈을 뜨고 있어라. 깨어 있어라, 언제나 혼침과 번뇌에서 깨어나 일심으로 살아

귀신사 대적광전 내부

라. 그러면 너도 깨닫고 타인도 능히 깨닫게 할지니…."

주차장에서 계단을 오르면 바로 고풍스런 귀신사 대적광전(보물 제826호), 귀신사 소조비로자나삼불좌상(보물 제1516호), 귀신사 석탑(전라북도 시도유형문화재 제62호), 귀신사 부도(전라북도 시도유형문화재 제63호), 귀신사 석수(전라북도 시도유형문화재 제64호) 등 5점의 문화재를 보듬고 있으니 '하이 파이브(hi-five)'인가.

대적광전은 지붕의 처마가 두 겹으로 돼 있는 것도 이채롭지만 아주 투박하다.

아름다움은 화려한 겉모습에 있는 것이 아닌, 그 속에 담겨 있는 발효된 숨결을 느끼는 일이 아닌가라는 생각이다. 대적광전 앞에 피어있는 배롱나무 윗부분으로 조금 올라 대적광전 위 언덕로 가면 부도와 석탑과 석수가 다듬어지지 않은 풍경으로 자리를 지키고 있다.

석탑을 둘러싼 느티나무며, 전혀 다듬어지지 않은 뜰에는 갖가지 들꽃이 피어있다.

넓은 빈 터로 보아 예전에는 여기에 법당이 있지 않았을까 싶다. 느티나무 아래엔 특이한 석물이 있으니 귀신사 석수石獸로 불리우는 사자상으로, 등 위엔 남근석이 세워져 있다.

불교와 풍수지리, 남근숭배가 섞인 의미 있는 석물 '사자상'은 이곳 지형의 단점을 보완하기 위해 만들었다고 한다. 저 멀리 절 마당이 휼쩍 넓어진 탓에 귀신사의 고요는 더 크게 느껴진다. 그러나 예전의 소박한 아름다움이 사라져버린 듯해서 아쉬움 또한 크다.

소설 속에서 주인공 '김종구'를 만난 고샅길, 그가 살고 있다면 마을이 이처럼 고요하지는 않았을 텐데… 날쌔게 골목길을 내달리던 황녀와 그를 뒤쫓던 김종구. 소설 속의 김종구는 당시 대적광전을 보수하러 온 목수였다.

작가는 '이게 아닌데…'라는 지긋지긋한 스스로의 외침에 반

응하여 혼자만의 시간과 공간을 얻기 위해 고향 근처의 산사로 여행을 하는 과정에서 젊은 교사 시절인 15년 전 자신이 가르친 학생의 보호자격인 학생의 오빠 '김종구'를 만난다.

작가는 '돌아가 믿는다'는 뜻의 귀신歸信을 '신이 돌아온다'는 뜻의 귀신歸神으로 잘못 받아들였다는 주장이 많은데, 여러분들은 동감하나.

세계사적 변화에서 촉발된 글쓰기의 미로상태를 벗어나기 위한 여행길에서 작가는 김종구와 황녀라는 야성적인 인물들을 만난다.

세상의 어떤 제도나 권위에도 얽매이지 않고 생명의 본성에 충실한 김종구는 작가의 세계관을 근저에서부터 뒤흔들어 놓다.

"사는 일이 가장 먼저란 말이오. 사는 일에 비하면 나머지는 다 하찮고 하찮은 것이라 이 말입니다"라거나 "머릿속에 생각이 많으면 행동이 굼뜨고, 그러기 시작하면 인생은 망하는 겁니다"라는 김종구의 말에 작가는 크게 깨닫는다.

'숨은꽃'에서 양귀자 작가는 여로의 구조, 즉 '떠남과 만남, 그리고 돌아옴'이라는 일상적인 등식으로 나름대로의 희망을 우리에게 제시한다.

그렇다면 '믿음으로 귀의한다는 것은 무엇일까. 인간만사의 모든 것이 믿음 안에서 돌아간다. 나에 대한 굳은 의지와 믿음으로 나와 함께 하는 사람까지 행복하게 해야 한다는 생각이 드는 오늘에서는.

언제부터인간 지속적으로 나는 앞만 볼 수 없게 되었습니다. 마음을 굳게 먹자고 다짐을 해도 자꾸 뒷걸음질하게 되었다.

하지만 이제는 겁내지 않을께요, 돌아갈 곳이 있다는 것, 그리고 가고 싶은 곳이 있다는 것, 무엇보다도 꿈을 가지고 있다는 게 가장 부럽다.

지옥이든 천당이든, 극락이든 아수라이든 돌아갈 곳이 있지요. 단지, 믿음이 있냐, 없냐의 차이일 뿐.

가을볕을 지줄대는 봇물이 금새 투명하다. 물빛을 따라 선홍빛 배롱나무꽃잎이 흐른다. 배롱나무 사이로 산이 팔을 벌린다. 참, 아늑하다. 꽃 이파리들이 산중 길을 덮는다.

벌써부터 겨울이 기대된다.

해마다 같은 일이 반복됨에도 불구하고, 나무는 늘 새로우며 그 다음을 기다리게 만든다. 전, 과연 '숨은 꽃'을 찾을 수 있을까? 이런 것들을 확인하기 위해 다시 길을 떠난다.

과연 이런 것들을 주워 담아 돌아올 수 있을까? 비록 기억이 현실이라는 장벽에 부딪혀 상처를 입기도 하지만 여전히 꼭꼭 '숨은 꽃'처럼 아름답다.

민초들에게 굴뚝은 연기를 배출하는 도구만은 아니었다. 내

할머니가 '봉화'로 삼았던 것처럼 다양한 의미를 내포하고 있었다.

들판에서 놀던 아이들은 굴뚝에서 연기가 솟아오르면 집으로 돌아가야 할 시간이라는 걸 알았다. 그렇게 자란 아이들에게 굴뚝의 연기는 '그리움'이라는 화인火印으로 찍히기 마련이었다.

황남현화백의 귀신사 굴뚝

굴뚝의 기억은 아이들이 자라 객지로 나간 뒤에도 고향을 상징하는 깃발로 가슴마다 펄럭거렸다.

고향으로 돌아와 마을 어귀에 섰을 때, 모락모락 피어오르는 연기가 보이면 느닷없이 안도감에 휩싸이는 건 누구나 마찬가지였다.

아궁이에 묻어 두고 떠난 감자 익는 냄새라도 맡은 듯, 괜히 목이 메고 눈물마저 찔끔거렸던 것이다.

굴뚝에는 가난한 민초들의 삶이 투영되기도 했다.

'굴뚝 보고 절한다'는 말은 빚에 쪼들려 야반도주하는 사람이 이웃에게 인사할 수 없어서 굴뚝을 보고 절을 한 뒤 떠난다는 데서 나왔다. 굴뚝에서 나는 연기를 보고 그 집의 상황을 판단하기도 했다.

연기가 난다는 것은 그 집이 끼니를 해결했다는 뜻이었다.

도시 빈민의 삶을 그린 조세희의 소설 '난장이가 쏘아올린 작은 공'에서는 난장이와 대비되는 거대한 굴뚝이 등장한다.

'아버지'가 벽돌공장 굴뚝에 올라가 고단했던 삶을 마감함으로써 굴뚝으로 상징되는 산업화시대의 비극을 보여 준다.

시간은 언제부터인가 이 땅에서 굴뚝을 지워 버리기 시작했다. 난방과 취사 연료가 바뀌면서 굴뚝에서 오르던 연기도 사라졌다.

설이 가까워져 오면서 기억 저편에 물러서 있던 '할머니의 굴뚝'이 생각난다. 객지를 떠돌다가 돌아와 고갯마루에 선 아들은 이제 무엇으로 어머니의 기다림을 확인할까? 굴뚝도 연기도 없는 고향 집을 바라보다 쓸쓸히 발길을 돌리지는 않을까.

황남현 작가가 십수 년 전에 그린 굴뚝이란 작품을 보니 귀신사로 가고파 굴뚝같은 마음이 든다.

귀산사의 석수

귀신사(歸信寺, 전북 김제시 금산면 청도리)는 신라 문무왕 16년(676) 의상대사가 세운 절로 8개의 암자가 있었다고 전한다.

금산사의 유명세에 가려 일반에게 잘 알려져 있지는 않지만, 신라시대 '화엄십찰華嚴十刹'의 하나로 창건된, 역사적으로 매우 의미 있는 사찰이다. 창건 당시의 이름은 국신사國信寺였다.

화엄십찰이란 새로운 통일국가의 지배이념이 된 화엄사상(요체는 모든 것을 하나로 끌어안는 원융무애의 사상)을 전파하기 위해 전국 각지에 세운 사찰을 말한다.

수도가 동남쪽에 치우쳐 있었기 때문에 이를 보완하려 한 효율적인 국토 경영과도 관련이 깊다.

의상대사가 부석사에서 화엄교학의 터전을 연 이후 그의 제자들은 전국에 퍼져서 수많은 화엄사찰들을 건립했다.

그 가운데서도 중요한 10개의 사찰에는 '화엄십찰'이란 이름이 붙여졌고, 화엄사 부석사 해인사 갑사 범어사 불국사 등은 지금도 대단한 가람들이며, 현재는 거대한 절터만 남아있는 서산의 보원사도 포함되어 있다.

최치원의 '법장화상전法藏和尙傳'에 의하면 태백산 부석사浮石寺, 원주 비마라사毘摩羅寺, 가야산 해인사海印寺, 비슬산 옥천사玉泉寺, 금정산 범어사梵魚寺, 지리산 화엄사華嚴寺, 팔공산 미리

귀신사 석수

사美理寺, 계룡산 갑사甲寺, 웅주 가야협 보원사普願寺, 삼각산 청담사靑潭寺 10개 사찰(이견도 있음)을 말한다.

그러나 일부 학자들은 원주 비마라사 대신 전주 무산 국신사(國信寺, 현재 귀신사)를 십찰의 하나로 여기기도 한다.

그러나 '삼국유사'에는 이 중 부석사와 비마라사, 해인사, 옥천사, 범어사, 화엄사 6개 사찰만이 기록되어 있다.

이들 사찰은 의상이 전파한 화엄사상을 널리 펴는 데 중요한 역할을 했다. 귀신사가 이러한 쟁쟁한 사찰들과 함께 화엄십찰의 하나였다는 것은 얼핏 이해하기 어려울 정도다. 화엄십찰로 이름 붙어진 사찰들의 역사를 살펴보면, 두 가지 특징을 발견할 수 있다.

첫째는 그 지리적 위치이다.

통일신라의 정치적 문화적 중심지는 물론 경주를 중심으로 한 일대 지역이었다. 공통적으로 화엄십찰에 속하는 사찰들은 중심지역을 벗어난 변방에 자리 잡고 있었다.

예를 들어 부석사는 옛 고구려와의 경계지역에, 해인사와 화엄사는 옛 백제와의 경계에, 불국사와 범어사는 왜(일본)와의 경계지에, 그리고 갑사 보원사 귀신사 등은 아예 백제 고토의 중심에 자리 잡았다.

또 하나의 특징으로 명칭은 화엄십찰이지만, 실제로 수용한 신앙은 화엄이 아닌, 아미타신앙(부석사), 정토신앙(불국사), 미륵신앙(범어사) 등으로 범종파적 태도를 취하고 있다는 점이다.

삼국이 통일이 된 이후에 국가적 과제는 분열되었던 민족문화를 하나로 합칠 수 있는 통합적 사상이었고, 모든 불교를 포용하는 화엄학이야 말로 통합의 불교로서 신라의 국가적 신앙이 될 수밖에 없었다.

따라서 화엄불교는 국가적 지원을 받으며, 분열의 갈등이 가장 심했던 옛 고구려나 백제 지역을 대상으로 집중적인 포교 활동을 벌였고, 그 가운데 지역적 핵심 가람들이 후일 화엄십찰로 성장했던 것으로 보인다.

그러나 통합의 과정이 순탄했던 것은 아니다. 비록 정치적 군사적으로는 복속되었지만, 여전히 옛 백제민들은 정서적 사상적으로 신라를 거부하고 있었다.

특히 미륵신앙의 중심지인 모악산 일대에는 미래불 신앙이 신라 정부에 대한 비판적 정치세력으로 성장할 우려가 다분했다.

귀신사는 바로 이러한 정치 사회적 배경에서 세워지게 되었다. 지역적 반발이 심했던 만큼, 귀신사 창건은 신라 정부나 의상계 화엄종에서 직접 간여하게 된다.

재원도 신라에서, 목수와 건축가들도 신라인들이었을 것이다. 사상적 배경 뿐 아니라, 건축과 기술마저도 신라의 문화를 고스란히 백제 땅에 재현한 결과가 되었다는 한국예술종합학교 건축과 김봉열교수의 설명.

하지만 귀신사를 창건했던 정치적 목적은 실패하고 말았다. 신라에 대한 이 지역의 반감이 격렬했기 때문이다.

귀산사에는 예스러운 맛이 배어 있는 건물과 연꽃무늬로 된 받침대, 동물 모양의 돌 등 많은 석물들을 볼 수 있다.

이 가운데 귀신사 석수(石獸, 전북 유형문화재 제64호)는 3층 석탑 앞쪽에 놓여 있는 문화재로, 웅크리고 있는 사자상 등 위로 남근석(남성의 생식기 모양으로 다듬은 돌)이 놓여 있다.

이 석수는 불교와 남근숭배사상이 어우러진 신앙 미술품으로, 앉아 있는 사자상의 등 위에 남근석을 올려놓아 예술 감각이 뛰어난 조각품이다.

무엇보다도 매우 사실적으로 표현된 게 특징이다. 사찰 내에서 이러한 조각상을 찾아보기란 매우 드물다. 이에 대해서는 두 가지의 설이 제기되고 있다.

불교와 무속이 합쳐진 귀신사의 석수와 남근 조각품은 이곳 사찰명인 국신사國信寺, 구순사狗脣寺, 귀신사歸信寺의 여러 이름에서 알 수 있듯이 풍수지리에 의해 이곳 지형이 구순혈(狗脣穴, 개의 음부를 상징)이므로 터를 누르기 위해 세워졌다는 설이 있다. 음란한 기운을 누르면 마을이 평온의 안녕을 되찾을 수 있을 것으로 생각했던 것 같다.

또 한 가지는 백제 왕실의 내원사찰內願寺刹로, 남근과 합쳐진 돌사자상을 세웠다는 설이 있다. 박희선씨는 백제 법왕(法王) 때 왕실의 내원사로, 이들이 이곳에 세워졌다고 주장하며, 그 근거로 석수의 남근석을 들고 있기도.

서쪽을 향해 웅크리고 앉은 이 돌사자의 길이는 158㎝이고, 높이는 62㎝이다. 등위 중간 부분에 우뚝 솟은 남근석은 2단으로, 아랫부분의 길이는 72㎝이고 윗 부분은 40㎝이다. 만든 시기는 아직까지 확실히 밝혀지지 않고 있지만 그 비슷한 예를 찾아볼 수 없는 독특한 모습과 사실적인 조각만으로도 충분한 가치를 지니고 있는 걸작이다.

무령왕릉 석수

현재 우리나라엔 귀신사 석수와 무령왕릉 석수(국보 제162호)만이 문화재로 지정됐다. 무령왕릉 석수는 공주시 무령왕릉에서 발견된 백제 때 만들어진 석수이다. 무덤 수호의 관념에서 만들어진 것으로 우리나라에서는 처음 발견됐다.

이곳의 석수石獸란 돌로 만든 동물의 상像으로 좁게는 궁전이나 무덤 앞에 세워두거나 무덤 안에 놓아두는 돌로 된 동물상을 말한다. 무령왕릉 석수는 높이 30.8㎝, 길이 49㎝, 너비 22㎝로 통로 중앙에서 밖을 향하여 놓여 있었다.

입은 뭉뚝하며 입술에 붉게 칠한 흔적이 있고, 콧구멍 없는 큰 코에 눈과 귀가 있다. 머리 위에는 나뭇가지 형태의 철제 뿔이 붙어있다. 몸통 좌우, 앞·뒤 다리에는 불꽃무늬가 조각되어 있는데 이는 날개를 나타낸 것으로 보인다. 꼬리가 조각되어 있으며 배설 구멍이 달려 있을 정도로 사실적이다.

전주시 강암서예관

천년 고도 전주 한옥마을에 들어서면 언제나 묵향으로 진동하고 있다.

전주 교동 남천교 위에 세워진 청연루晴烟樓. 이는 완산팔경 가운데 하나인 '한벽청연(寒碧晴煙, 승암산 기슭 한벽방과 전주천을 휘감고 피어오르는 푸른 안개)'에서 비롯, '한벽'과 '청연'을 댓구로 사용, 송하진 전북도지사가 전주시장 재임시절에 쓴 글씨다.

다리 위쪽으로 한벽당이 있으니, 그 아래쪽에 '청연루'를 지은 것이리라.

바로 그 옆엔 전주시 강암서예관과 현 전북도지사의 아버지 강암剛菴 송성용(宋成鏞, 1913~1999년) 선생이 살았던 '아석재我石齋'가 있다. 이는 '물과 돌이 있는 데서 유연하게 살리라'라는 뜻을 담고 있는 주자의 시구절 '거연아천석居然我泉石'에서 유래한다. 글씨는 소전 손재형이 썼으며, 남취헌은 일중 김충현이 썼다.

강암서예관

전주시 강암서예관엔 꽃담이 자리하고 있다

강암서예관엔 합각 3곳(정면 제외), 건물 정면 6곳, 옆면 6곳(각 3곳), 뒷면 4곳, 굴뚝 1곳 등 20곳에 꽃물결, 꽃바다 바로 그 자체이다.

정면엔 붉은 벽돌과 함께 회색의 '무시무종無始無終' 문양이 가로로 화사한 벽을 이루며 방실방실 웃고 있고, 출입문 좌우로 붉은 벽돌 한 줄에 회색의 '무시무종' 문양, 이어 '만자 만卍'

아석재

자가 세로로 자리하고. 옆면은 붉은 벽돌 3장이 가로로 놓인 가운데 붉은 벽돌 1줄, 회색의 '무시무종' 문양 1줄, 붉은 벽돌 1줄, 이어 붉은색의 '만자 만卍'자 문양들로 거대한 꽃담을 이루고 있다.

건물의 뒷면도 이와 비슷하지만 붉은 벽돌 속에 붉은 벽돌이 4개씩 모두 19줄씩 차례로 놓여 특별한 꽃담 2개를 일구었나니.

김도영의 다붓다붓

합각은 붉은 벽돌, 회색의 무시무종 문양, 동심원, 태평화 순으로 장식, 경복궁 자경전(보물 제809호)의 꽃담과 흡사하다.

회색 벽돌이 촘촘히 박혀 있는 굴뚝은 붉은 벽돌 한 장씩이 맨 위와 아래에 놓여 있는 가운데 '길 장長'의 글씨로 표현, 붉은 이 여름의 햇살처럼 선명합니다. 이 곳의 꽃담은 강암서예관 건립 당시 만들어졌다.

한국화가 김도영이 서울 성북동 하코갤러리에서 초대전을

가졌다.

‘다붓다붓(53.5×45㎝_한지에분채_2024)’작품이 유독 눈길을 끈다.

부사 ‘다붓다붓’은 ‘여럿이 다 매우 가깝게 붙어 있는 모양’을 말한다.

작가는 전북대 대학원 재학시절 교수님을 따라 방문, 툇마루에 앉아 강암 선생과 담소를 나누었던 기억이 남아 있는 곳을 작품으로 남겼기 때문이다.

현재는 한옥을 주제로 한 한국화와 한글을 주제로 한 문자작업을 병행하고 있다.

한옥을 주제로 한 한국화는 민화에서 주로 사용하는 전통 그림시점인 하늘에서 보는 시점과 땅에서 보는 시점을 동시에 사용한다.

부감법을 이용해 한옥의 기와지붕 형상이 두드러지게 하고 평원법은 한옥 안에 펼쳐진 삶과 생의 흔적을 보여준다.

또 한옥의 형상을 재현하거나 풍경의 한 장면을 표현하는 것을 넘어서 한옥의 주는 정서에서 비롯한 사유를 담았다.

한글을 주제로 한 문자작업은 24개 한옥한글 이미지를 나무에 레이저 투각하면서 시작된다.

노랫말, 시, 문구를 자모음 조합으로 배열해 평면, 반 입체, 설치 등으로 시각화한다.

오방색으로 채색한 한지 위에 투각한 한지 글자로 아리랑과 훈민정음을 콜라주하기도 하며, 한글 자모음을 모발제작해 다양한 조명을 이용한 공간 설치작업으로 이어간다.

이렇게 한글은 자모음이 모여 무한한 소리를 만들어내듯이 작가는 무한한 작업의 소재로 작동하고 있다.

대부분의 그림은 정중앙에 기와를 인 한옥을 정교하게 묘사하고 그 내부는 깔끔하면서도 세밀하게 그려졌다.

주변 풍경은 여유로와 보인다.

전체적으로 깔끔하고 정돈되어 보이면서도 세밀하게 정성껏 그려진 정돈된 채색화이다.

분위기가 따뜻하고 한옥에서 옛 추억이 느껴진다.

한옥을 소재로한 자음자 모음자 하나하나가 흥미로우면서 채색된 색감이 따뜻하다.

작품 속의 건축물들은 실제로 세종시 부강리에 있는 홍판서댁 가옥도 있고 독락정을 소재로 한 작품도 있다.

하지만 작가는 구체적임 건물과는 조금은 다르게 작가 자신만의 집과 마당, 주변 자연 풍경을 표현한다. 강암 송성용선생 고택도 예외가 아니다.

작가는 "2년 전 방문하여 보니 강암서예관마저 너무 옛 시간을 그대로 머금고 있어 아쉬웠다"면서 "전시장 및 작품관리에 점검이 필요해 보였는데 지금, 어떠한지 궁금하다"고 했다.

전북 출신의 작가는 전북대 미술학과와 동대학원을 졸업했다. 한류미술공모전 특선을 포함해 대한민국미술대전 입선, 전북미술대전 대상 등 다수의 수상 경력을 갖고 있다. 서울, 대전, 세종, 전북 등 전국에서 활동하고 있다.

필자도 1995년 등 여러 차례에 걸쳐 강암선생의 고택에서 대화를 나누었던 기억이 새롭다.

호남제일문

만약 강암선생에 대해 잘 모른다면 전주 IC를 빠져나와 만나게 되는 '호남제일문湖南第一門'을 떠올리면 된다.

그 현판을 쓴 이가 강암선생이다.

전주의 관문이자 지역을 대표하는 건축물 중 하나인 '호남제일문'이 야간에도 위용을 뽐내고 있다.

우리나라에서 가장 큰 일주문으로 유명하며, '호남제일문'이란 이름은 전주가 전라감영의 문, 호남평야의 첫 관문이란 뜻을 지니고 있다.

조선 초기 전주에 설치된 전라감영은 1896년까지 전라남북도를 포함해 제주도까지 통할하는 관청이었다. 전주는 후백제의 왕도이자 조선왕조의 시조인 전주 이李씨의 고장으로, 조선왕조의 발상지라는 자부심이 옹골찬 도시다.

왕복 5차선 대로를 가로지른 위풍당당 호남제일문은 그 유서 깊은 자부심의 첫인상이기도 하다. 육교의 기능도 겸하니 한번 올라가볼 만하다.

'호남제일문'은 낯선 사람들에게는 전주의 고풍을 그대로 전해주는 문패이자 고향을 찾아오는 사람들에게는 더없이 반갑고 따듯한 고향의 상징적인 표정이다.

이 '호남제일문'의 현판, 단아하면서도 고졸함을 잃지 않고 웅장한 듯하면서도 자칫 권위롭기 쉬우나 오히려 따뜻한 필치가 우아함을 드러내는 경지로부터 우리는 강암선생을 만난다.

선생은 물질이 정신을 앞지르는 시대일수록 예술가의 존재는 더욱 필요하다고 했다. 어쩌면 한 예술가의 치열한 작가정신은 인간들이 추구하고자 하는 진정한 구원에의 마지막 통로일수 있다.

너나없이 앞을 다투어 공명과 부귀와 실리를 쫓는 시대, 이 어지러운 세상에 우리 곁에 선생의 정신이 면면이 이어져 옴은 참으로 다행스러운 일이다.

선생은 전북의 예술적 전통을 오늘에까지 탄탄히 뿌리내리게 한 예술가다. 당대를 빛낸 서예가로서는 이 세대의 마지막 선비로서 그에 붙여지는 찬사는 각별하다.

선생은 '내장산 내장사', 여수의 '금오산 향일암', 경주의 '토함산 석굴암' 등 많은 현판을 썼다.

그만큼 그는 서예의 대가로 손꼽힌다.

강암선생

김제에서 태어난 선생은 평생을 유학과 한문, 서예에 정진해 한국 서단의 최고봉에 올랐으며 사군자 중심의 문인화에 독보적인 경지를 개척했다고 평가받는다.

또한 전통의 고법을 현대적 조형으로 재창조하면서 특유의 '강암체'를 창조해내기도 했다.

선생은 김제군 백산면 상정리 요교마을에서 태어나 유재 송기면(宋基冕 1882~1956) 선생에게 유년시절부터 한학과 서예를 배웠다.

중국의 여러 법첩과 한국의 갖가지 서예자료는 물론 화보를 중심으로 그림을 익혀 전서와 예서, 해서, 행서, 초서 등 5체와 사군자, 소나무, 연, 파초 등을 주요 소재로 하는 문인화의 대가가 된 인물이다.

이처럼 다양한 자체의 서예와 여러 가지 소재의 문인화를 고루 최고 수준에 올린 서예가는 강암 외에 찾기가 쉽지 않다는 게 서예계의 평이다.

'나' 해당하는 서예의 원리에 통달한 결과 '십 백十百' 장르에 적용해 각 장르 모두 최고의 경지에 오른 서예가가 바로 강암 선생이다.

집의 당호 '아석재'는 '물과 돌이 있는 데서 유연하게 살리라' 라는 뜻을 담은 주자의 시구절 '거연아천석居然我泉石'에서 유래한다.

거문고 켜고 책 읽은 지 사십 년에
거의 산중 사람 되었네
하루는 띠풀집 지어져
나의 산수에 고요히 서 있네

琴書四十年
幾作山中客
一日茅棟成
居然我泉石

[朱子全書, 卷66, 武夷精舍 雜詠(무이정사 잡영)]

이 글씨는 소전 손재형이 썼다.

'아석재我石齋'는 강암 송성용를 위해 친구들이 마련해준 집이다. 별반 특별해 보이지 않는 소박한 한옥일 뿐이지만 자세히 들여다보면 콘텐츠가 무궁무진하다.

현판은 추사 김정희 선생을 비롯한 당대의 대가가 휘호한 것이고, 집 안 곳곳에는 평생 상투와 한복을 입고 고집스럽게 전통을 고수하고 산 강암의 지조가 어려 있다.

1965년 김제에 살고 있던 강암을 전주로 오게 하기 위해 친구들이 나서서 강암의 서예 작품을 전시하게 했고, 그 서예 작품을 모두 구입, 그 대금으로 집을 구입했다. 당시 집값은 63만 원이었다고 전해진다. 전주시 교동에 있는 강암의 고택인 아석재는 남향집이다.

집 앞에 전주천이 흐르고 있다. '아석재' 앞으로는 전주천을 가로지르는 남천교南川橋가 놓여 있다. 천진교 옆에 안락와가 있었다면, 남천교 옆에는 아석재가 있는 셈이다. 최근에 이 남천교 위에 기와로 지붕을 얹고, 목재로 기둥을 세워 청연루晴煙樓를 만들어 놓았는데, 그 모습이 천년 고도千年古都다운 격조가 있고 고풍이 완연하다.

'완산팔경完山八景' 가운데 하나가 '한벽청연寒碧晴煙'이다. '한벽'과 '청연'을 대구對句로 사용해서 다리 위쪽으로 한벽루가 있으니, 그 아래쪽에다 청연루를 지은 것이다.

강암 말년에는 고택 터 일부에 강암 서예관을 지었다. 우리나라에서 붓글씨인 서예만을 위한 갤러리를 만든 곳은 오직 이곳뿐이라고 한다. 선생은 무엇보다 사재로 1995년도에 강암 고택옆에 '강암서예관'을 세워 강암선생 작품과 국내외 유명작가의 작품 등 1,162점을 전주시에 기부, 국내 초유의 서예전문 전시관을 개관했다.

'강암서예관' 현판은 개관할 당시에 중국 당나라 때의 명필 구양순의 글씨를 집자해 새겼다. 그는 처음 서예 공부를 시작할 때 입문한 서체가 바로 구양순의 해서체이기 때문이다.

'강암은 역사다'

강암서예관의 1층 입구에 들어서면 강하게 다가오는 글귀이다. 이 글귀는 1995년 동아일보사 주최의 강암 회고전의 대주제이기도 했다.

같은 예향이라고 해도 전남은 그림이요, 전북은 글씨가 아닐까. 물론 전남에도 진도 출신의 걸출한 서예가인 소전小筌 손재형孫在馨이 있다.

소전은 왜정 때부터 이름을 날리던 서예가로 1970년대에 고 박정희 대통령의 서예 선생이기도 했다. 일본의 후지스카 교수가 일본으로 가져간 추사의 '세한도'를 해방 무렵에 일본에까지 찾아가 사정사정하여 다시 찾아온 인물이 바로 소전 손재형이다.

그러나 소전은 전남에서 거주하며 후학을 양성하지는 않았고, 일찌감치 서울을 주 무대로 활동했다.

반면 강암은 상투와 한복을 입고 고집스럽게 전통을 고수하면서 전주에 살았다.

강암의 그 고집스러움과 지조가 어려 있는 집이 바로 '아석재'이고, 이 '아석재'가 전북의 글씨(서예)를 대표하는 집이 된 것이다.

'아석재' 옆에는 '남취헌攬翠軒'이라는 또 하나의 편액이 걸려 있다.

일중 김충현이 1974년 선생에게 써준 '남취헌攬翠軒'은 전체 구성이 가지런하면서도 여백이 넉넉해 시원스럽다. 유려하면서도 힘찬 글씨가 돋보이는 수작이다.

일중도 강암을 만나러 전주에 왔다가 이 집에 들러 붓을 들었던 것이다.

'남취헌'은 깎아낸 비늘무늬 표면의 칼칼한 질감과 유려한 글씨의 어울림이 일품이다.

'남취攬翠'는 명나라 태조 주원장이 어렸을 때 아미산으로 출가해 공부하는 모습과. 황제가 되어 아미산에 있는 불교사찰들의 흥성興盛함을 암벽에 조각한 글씨다.

선생이 사용했던 또 하나의 재호이다. '헌軒'자를 썼으니 '헌호'라고 해도 된다. '푸르름을 들이는 마루'라는 뜻이다. 선생이 거처하던 집의 대문을 나서면 바로 전주천이 흐르고 그 앞으로는 남고산이 푸른 모습으로 자리하고 있다. 그래서 선생은 '남취헌'이라는 헌호를 사용했다.

고택 왼쪽 액자엔 '강암청거剛菴淸居'라고 쓴 글씨가 보인다. 유당 정현복의 글씨다. 진주의 '촉석루' 편액을 쓴 이가 바로 유당이다.

'십우도十牛圖'는 선종의 유명한 수행서 가운데 하나인 '종용록從容錄'엔 "청거호승선사 송목우도 12장, 태백산 보명선사 송목우도 10장, 불국 유백 선사 송목우도 8장(淸居皓昇禪師° 頌牧牛圖一十二章° 太白山普明禪師° 頌牧牛圖十章° 佛國惟白禪師° 頌牧牛圖八章)이라 하여, 청거선사가 활동했던 시기인 북송대 1050년을 전후한 시기부터 12목우도牧牛圖, 10목우도牧牛圖, 8목우도牧牛圖가 전해지고 있었던 사실을 알 수 있다.

그는 청거선사처럼 살았는지도 모른다. 김준승金俊承 서예가도 호가 청거淸居이다.

'윤집궐중允執厥中'은 선생이 친히 써서 집에 걸고 교훈으로 삼고자 했던 현판이다.

이는 '진실로 그 중中을 잡으라는 의미'로, 요임금이 순임금에게 왕위를 물려주면서 남긴 말이다.

'윤집궐중允執厥中'은 '윤집기중允執其中'과 같은 말이다. 중국 고대 성군 요임금이 순임금에게 왕위를 물려주면서 최초로 한

어구이다. —그 의미는 왕위에 올라 정사에 임할 때 마음이 어느 한 곳에 치우치지 말고 오로지 그 중심을 잡아 모든 일을 처리하라는 뜻이다. 순임금은 우임금에게 왕위를 물려주면서 이 말을 했다

인심人心보단 도심道心을 갖도록 하는 차원에서 그 중中을 잡아야 함을 피력했다. 조선시대 많은 왕이나 학자들은 성리학을 수용하면서 수양론적 차원에서 이 말을 원용, 인심도심론人心道心論을 전개했다.

'논어'엔 요임금이 "아 너 순舜아! 하늘의 역수가 너의 몸에 있으니 진실로 그 중을 잡도록 하라"라고 했다.

'서경'의 '우서대우모虞書大禹謨'는 "인심은 오직 위태롭고 도심은 오직 은미하니 정밀하게 하고 한결같이 해야 진실로 그 중中을 잡을 것"이다고 했다.

'논어집주'에 의하면 '윤允'은 '진실로[信]'라는 뜻이고 '중'은 지나치거나 부족함이 없는 명칭이라 했다.

중국 고대 성군이 왕위를 물려주면서 말한 말이다. 전자는 요임금이 순임금에게, 후자는 순임금이 우임금에게 한 말이다. 후자는 성리학이 형성하면서 마음을 인심과 도심으로 구분할 적에 많이 원용됐다.

선생은 평소 이 말을 좌우명처럼 여기며 모자라지도 지나치지도 않게 생활하려고 노력했다. 아석재에서는 이처럼 당대

강암서예관의 합각(만자만)

명필의 글씨를 한눈에 볼 수 있다.

경기전과 풍패지관, 풍남문에도 꽃담을 만날 수 있다.

경기전과 풍패지관에서는 네모반듯한 돌들을 바르게 쌓은 사고담(四塊石, 사괴석, 사고석담)을 통해 제향의 공간임을 나타낸다.

문묘 등의 건축에서는 사고석四塊石이라 부르는 네모 반듯한 돌들을 바른층 쌓기로 쌓은 담이다. 그것을 '사고석담'이라 하고 윗면에는 기와지붕을 한다. 또, 궁궐에서는 지붕 밑에 둥근 보樑를 보내어 양동을 설치한다.

풍남문에서는 전돌(회색 벽돌)을 통해 전주부성과 안녕과 번영을 기원하고 있다.

완주 화암사 굴뚝

'당신을 기다리는 제 마음은 오월의 강물입니다. 이 산 저 산 신록의 매무새 단정히 하고 새소리 물소리 나무나무 속잎처럼 푸르러 가는 오월의 강물입니다. 어느 맑은 호수를 쏟아부어 가득히 넘치게 하는 물빛입니까? 보일 듯 보일 듯 보이지 않는 어느 먼, 하늘에 잠겨 있는 눈빛입니까? 당신을 기다리는 제 마음은, 흘러도 그 자리인 오월의 강물입니다. 산허리를 안고 돌아 하늘을 우러르는 오월의 강물입니다'

허성욱시인의 '꽃비 내리는 마을로 가는 길'이 떠올려지는, 꽃물 가득한 김제 망해사입니다.

가슴에 담기조차 눈부시도록 해맑은 하늘빛 미소가 유난히 그리운 날, 푸른 하늘 아래 초록이 대지를 뒤덮고 형형색색의 꽃들이 가슴 시리도록 아름답게 활짝 폈군요.

꽃은 물론 활짝 피었을 때 가장 아름답겠지만, 봄 한 철 짧은 순간 그 생명을 다하고 분분히 떨어지는 꽃잎을 볼 때면 아

화암사

련한 슬픔 속에서 황홀한 탄성을 자아내게 합니다.

분홍빛 수줍은 진달래, 노오란 개나리, 꽃봉오리 활짝 핀 목련화, 그리움 가득 머금은 겹벚꽃… 망해사에 겹벚꽃이 흐드러지게 피었습니다. 시나브로 꽃물 똑똑 떨어질 때, 목탁 소리도 똑똑 소리를 냅니다.

하늘에서, 꽃비가 주룩주룩 내려옵니다.

가슴 가득 하얀 사연을 담은 꽃나비가 봄비 속에서 하늘하늘 춤추는 5월의 어느 날, 더할 것 없는 꽃의 성찬, 꽃 잔치입니다.

아흔 살 봄철도 이젠 거의 저물었는지, 뜨락에 가득 꽃비가 내려 노을 속에 반짝이면서 무르익은 봄에 훈향을 더합니다.

서해가 보이는 진봉산 자락의 망해사望海寺.

앞으론 새만금과 망망대해, 뒤론 드넓은 만금평야가 펼쳐져 수평선으로 지는 일몰과 지평선으로 뜨는 일출을 동시에 감상할 수 있는 곳에서 희망 낙낙히 드리우며, 해우소에 앉아 잡다한 생각들을 내려놓습니다.

부처께서 도솔천에서 강림하실 때 천지가 진동하고 꽃비가 내리며 삼십삼천의 모든 천신들이 즐거워하며 춤추고 노래하였지요.

한꺼번에 쏟아지는 꽃잎을 '꽃비'가 온다고 말합니다. '법화경'에는 부처님이 설법하실 때 하늘에서 꽃비가 내리는 장면이 자주 나오죠.

흔히 이를 '우화서雨花瑞'라고 하며, 흔히 상서로운 징후를 뜻합니다.

완주 화암사에 우화루가 있는 까닭입니다. 해마다 봄이면 꽃잎이 비처럼 내리면서 마음을 온통 사로잡습니다.

> '앞뒤 산봉우리엔 흰 구름 떠 있고 동서로 흐르는 시내엔 밝은 달 떠있네. 스님 앉은 곳 에, 꽃비 떨어지고 길손이 잠드니, 산새가 운다'

서산대사의 '화우花雨'란 시 같은 경치가 눈앞에 있는데, 일망무제 아늑하니 소쩍새 소리, 장 끼 소리가 산하를 쩌렁쩌렁 울립니다.

그리움이 막막한 기다림일 때 마르지 않는 당신의 눈물이 쉶은 영혼의 살랑거리는 미풍에 나부끼며, 지난 추억은 땅바닥에 누운 꽃잎의 상처처럼 오랫동안 가슴은 하염없이 휘날리는 꽃비가 되었나요.

툭툭툭, 쏟아지는 정겨운 생명붙이 빗소리입니다.

둥덕둥덕, 힘차게 하늘 높이 울리는 법고소리입니다.

두둥두둥, 고요히 세상 끝까지 바다가 행복담아 흐르는 윤슬의 향연입니다.

감사함과 행복을 가슴에 담아 산새들의 노랫소리와 함께 상쾌하고 상큼한 하루. 꽃비를 맞으며 자연의 순리에 따라 삼백예순다섯 날, 모두 멋진 날이길 소원해봅니다.

'인간세 바깥에 있는 줄 알았습니다. 처음에는 나를 미워하는지 턱 돌아앉아 곁눈질 한번 보내오지 않았습니다. 나는 그 화암사를 찾아가기로 하였습니다. 세상한테 쫓기어 산속으로 도망가는 게 아니라 마음이 이끄는 길로 가고 싶었습니다. 계곡이 나오면 외나무다리가 되고 벼랑이 막아서면 허리를 낮추었습니다. 마을의 흙먼지를 잊어먹을 때까지 걸으니까 산은 슬쩍, 풍경의 한 귀퉁이를 보여주었습니다. 구름한테 들키지 않으려고 구름속에 주춧돌을 놓은 잘 늙은 절 한 채. 그 절집안으로 발을 들여 놓는 순간 그 절집 형체도 이름도 없어지고, 구름의 어깨를 치고가는 불명산 능선 한자락 같은 참회가 가슴을 때리는 것이었습니다. 인간의 마을에서 온 햇볕이 화암사 안마당에 먼저 와 있었기 때문입니다. 나는, 세상의 뒤를 그저 쫓아다니기만 하였습니다. 화암사, 내 사랑 찾아가는 길을 굳이 알려주지는 않으렵니다.'

— 안도현 시인의 '화암사 내 사랑'

시인은 '화암사 내사랑'에서 완주 화암사를 '잘 늙은 절 한 채' 표현했습니다. 화암사는 통일신라시대에 지어진 것으로 천년이 훨씬 넘는 역사를 지니고 있습니다.

무욕의 산사는 언제나 말벗이 반갑습니다.

완주군 경천면 불명산 자락에 위치한 화암사는 욕심이 없는 절간입니다. 절간으로 향하는 길은 굳이 무념, 무상, 무애는 아니더라도 옷깃에 묻혀온 시름 한자락은 털어버릴 수 있을 정도로 조용하기만 합니다.

화암花巖이라는 이름처럼 화암사는 꽃바위절입니다. 바위를 깎아 만든 듯한 길을 따라 4.5㎞정도 불명산 자락을 오르면 잘 다져진 듯한 평지가 나오고 그 곳에서 수백 년간 중생을 맞이한 산사가 나옵니다.

철탑 계단이 열한 번 굽어지면서 암반 위를 흐르는 맑은 물을 발아래 두고 오르는 147계단이 무척 새롭습니다.

천연 폭포가 이처럼 아름다울 수 있을까요? 수목이 토해내는 물줄기는 거대한 바위를 타고 흐르며 살아있는 폭포수를 만듭니다.

> '절 입구에 있을 법한 일주문도 사천왕상도 없이 경내로 들어서려면 작은 문 하나를 통과해야 한다. 잊을 수 없다. 세월에 닳은 문턱을 처음 넘어설 때, 나는 마치 어릴 적 외갓집 대문을 넘어 마당으로 발을 들여놓을 때와 똑같은 느낌을 받았던 것이다. 실제로 ㅁ자형 구조를 가진 경내로 들어가면 그곳은 절이 아니라 여염집의 편안한 안마당에 서 있는 듯한 착각에 빠진다. 그때의 적막은 또 얼마나 큰 위안인가.'
>
> — 안도현의 수필 '잘 늙은 절, 화암사' 중에서

안시인은 화암사를 가리켜 "구름한테 들키지 않으려고 아예 구름 속에 주춧돌을 놓은/ 잘 늙은 절 한 채"라 했습니다. 그리고 "화암사, 내 사랑/찾아가는 길을 굳이 알려주지는 않으렵니다"라며 마무리합니다. 이보다 더 강력한 추천사가 있을까요?

화암사는 국보 제316호 완주 화암사 극락전, 보물 제662호 완주 화암사 우화루, 전북 유형문화재 제40호 화암사 동종, 전북 유형문화재 제94호 화암사중창비 등 4점의 문화재를 보유하고 있습니다.

철제 사다리를 올라서자마자 우리를 맞이하는 것은 고색이 찬연한 누각이다. 이 누각의 이름은 우화루雨花樓입니다. 꽃비가 내리는 누각을 말합니다.

화암사 동종

얼마나 이 고장의 꽃이 많으면 꽃비가 내리고 절 이름은 꽃바위를 지칭하는 화암일까요? 꽃비라는 말은 법화경에도 나옵니다. 부처님이 설법을 하려고 하니 하늘 위의 신들과 하늘 아래의 축생 아귀까지 모두 한자리에 모입니다. 그 자리에는 꽃비가 내립니다. 사슴도 모이고, 토끼들도 모입니다. 이 세상의 이치는 사람들에게만 해당되는 것이 아닙니다.

모든 존재하는 것들이 모두 다 한가지인 셈입니다. 그러므로 우리는 '불이不二'라고 부릅니다. 둘이 아닌 이치이므로 짐승이라고 해서 마구 대할 일이 아닙니다. 이처럼 모든 존재들이 모여서 이 세상이 둘이 아닌 이치를 설하는 자리에 꽃이라고 가만있을 수는 없는 노릇입니다. 그래서 그 위에 아름다운

화암사 우화루에 걸린 '우화루雨花樓'(위)와 '불명산화암사佛明山花巖寺' 현판. 누가 썼는지 모르나 전형적 편액체로, 동일 인물이 쓴 것 같다.

꽃비가 내리는 것입니다. 우화루에 걸린 목어에 나비가 날아와 앉습니다. 꽃바위절, 그래서일까 도량엔 나비와 벌들이 유난히 많습니다. 눈길이 가는 곳이면 어김없이 나비들이 날아다니고, 벌들이 웅성거립니다. 도량은 너무도 간결합니다. 남북으로 극락전과 우화루, 동서로 불멸당과 적묵당이 사방을 막고 작은 마당과 하늘 하나를 열어놓은 게 전부입니다. 서있는 땅만큼 하늘이 지나가고, 바라보는 하늘만큼 도량은 깊어집니다.

화암사의 명물에는 두 마리의 흰둥이도 있었습니다.

'화암사 안마당에는 스님 모시고 노는 개 두 마리가 있습니다. 그 귀가 하도 맑고 깨끗해서 뒷산 다람쥐 도토리 굴리는 소리까지 훤히 다 듣습니다. 간혹 귀 쫑긋 세우고 쌩하니 달려갔다가는 소득 없이 터덜터덜 돌아올 때가 있는데 귓전에 닿는 소리에 덕지덕지 욕심 있어서가 아닙니다. 그저 그냥 한번 그래본 것입니다. 바람이, 일 없이 풍경소리를 내는 물고기 꼬리를 그저 그냥 한번 툭 치고 가듯이'

— 안도현의 시 '화암사, 깨끗한 개 두 마리' 전문

화암사가 유명해지게 된 것은 극락전이 국내 유일의 '하앙' 구조로 건축된 건물이라는 점입니다.

'하앙下昻'이란 바깥에서 처마 무게를 받치는 부재를 하나 더 설치해 지렛대의 원리로 일반 구조보다 처마를 훨씬 길게 내밀 수 있게 한 구조로, 중국이나 일본에서는 근세까지도 많이 볼 수 있는 구조이지만 우리나라에서는 유일합니다.

'속진이 더께 붙어 산문 밖에 다달으니 신록에서 혼을 씻는 휘파람새가 울고 있고 부도는 해탈의 뜰에 푸른 이끼로 눈부셨다. 버거운 비탈 톺아 구름 계단 올라서니 비폭飛瀑으로 부서지는 수유須臾 같은 천 년 있고 적멸에 금을 놓는 풍경, 바람 끝이 시렸다'

유휘상 시조시인의 '화암사'란 작품입니다.

화려한 단청보다는 퇴색되어 빛이 바랬거나 그냥 나무빛 그대로 나이 듦이 느껴지는 절집, 해질녘 노을 속에 묻힌 풍경을 보기에 좋은 절이 바로 화암사가 아니던가요. 이같이 늙을 수만 있다면 얼마나 좋을까요?

봄치고는 제법 많은 비가 내렸습니다.

그가 여행을 떠난 날도 비가 왔었나 보옵니다. 걸음걸음마다 모든 곳에서 벚꽃이 흩날리는 모습을 만나게 되는 계절입니다.

꽃잎 아래서 활짝 웃고 있는 사람들의 기쁨을 보고 있자면 경전 속 환희로운 순간들이 겹쳐 보입니다.

화암사 가는 길은 경천면 가천리 마을이 끝나는 지점부터 숲입니다. 주차장까지 연결된 도로는 시멘트로 포장했지만 호젓한 산길이나 마찬가지입니다.

이파리가 풍성하고 각종 꽃들이 활짝 핀 계절인데도 숲의 아늑함이 느껴집니다. 주차장부터는 본격적인 오솔길이다. 폭이 좁아진 만큼 나무는 더욱 빼곡해졌습니다.

가파른 돌계단이 끝나는 지점에서 좁은 계곡을 가로지른 불명교를 건너면 바로 절간 건물입니다.

사찰의 규모를 가늠해볼 수 있는 일주문도 없습니다. 아기자기 놓여 있는 건물들의 조화로움은 어릴적 엄마의 품처럼 한없이 포근하고 달콤한 느낌으로 마음 설레게 하고 누마루도 우화루를 통해 내다보이는 풍경도, 흐드러진 작은 화단도 나의 넋을 빼앗기에 충분합니다. 그곳에서 꼭 하룻밤 머물고 싶습니다. 이 소망은 나만의 욕심일까요?

절집은 검박합니다. 그리고 묵직합니다. 건물을 이고 선, 빛바랜 나무들이 주는 세월의 무게감 때문이지 싶습니다. 절집으로 드는 문은 달랑 하나입니다.

우화루와 문간채 사이로 난 쪽문입니다. 허리 굽혀 쪽문을 나서도 본전인 극락전은 온전히 제 모습을 보여주지 않습니다.

우화루雨花樓가 산문 역할을 대신합니다. 봄비가 꽃비처럼 무채색 처마 아래로 흩뿌려집니다. 건물을 떠받친 5개의 오래된 기둥은 휜 듯하면서도 안정감이 느껴집니다.

우화루 기둥만 봐도 '잘 늙었다'는 의미가 고스란히 전해집니다.

우화雨花, 꽃비는 묘법연화경에 나옵니다.

> "석가모니께서 '아뇩다라삼먁삼보리(무상정등각, 無上正等覺=더없이 높고 반듯한 깨달음)'을 얻으리라 하니 범천왕이 하늘에서 내린 연꽃이 수북히 쌓인 가운데 다시 향기로운 바람을 불어 시든 꽃은 날리고 다시 새로운 꽃을 내려보냈다"

꽃비는 내리는 아침나절, '석가모니불'을 되풀이 외는 염불 소리는 우렁차다. 뒤편 불명산은 여전히 구름 속입니다. 하염없이 떨어지는 낙수 소리만 경내에 가득합니다. 고요하고 적막합니다.

법당에는 꽃장식이 참 많습니다. 문에 새겨진 꽃살 무늬, 단청 속 꽃 모양, 그리고 천정의 연꽃까지 정말 수많은 꽃의 향연입니다.

이곳의 연꽃을 볼 때면 이 법당 안에서 지금 이 순간 꽃비가 내리고 있다는 사실을 기억해야 합니다.

이제 세상 어디서든 꽃 그리고 꽃비를 볼 때마다 마음속 환

화암사 굴뚝

희를 깨우기 위해 정진했으면 합니다. 자신의 깨달음 방향을 점검하고, 번뇌에 물든 스스로를 경책하며, 초심의 열정으로 언제나 정진했으면 합다. 우화루를 지나는 순간, 내 마음에 꽃비가 내립니다.

우리나라의 건축은 굴뚝조차 예술이 됩니다. 그 사례로 경복궁의 예쁜 굴뚝들이 꼽힙니다. 자경전 십장생 굴뚝. 자세히 보아야 굴뚝인 줄 알만큼 예술적입니다.

자경전이 보물 809호이고. 이 굴뚝이 따로 보물 810호로 지정되었습니다. 경복궁 아미산 굴뚝은, 보물 811호입니다.

아미산은 조선 태종이 경회루를 세운 연못을 파고 난 뒤 그 흙으로 왕비가 사는 교태전 뒤에 세운 인공 동산입니다. 이 굴뚝은 6각형으로 한껏 멋을 냈고, 소나무 매화 불로초 학 박쥐 같은 것을 무늬로 넣었습니다.

폼나는 궁궐 굴뚝보다도 평범한 사대부집이나 민가의 질박한 굴뚝들이 더욱 더 정감이 갑니다. 키작은 굴뚝에 기와 몇장 턱턱 얹은 품새가 얼마나 매력적인가요.

언뜻 꼬마 병정처럼 귀여우면서도 저렇게 연기를 내는 중요한 기능을 해내는 모습은 마치 장군처럼 의젓하지 않은가요.

키 작은 굴뚝처럼 낮게, 겸손하게 살 수만 있다면 얼마나 좋을까요. 작은 굴뚝에 기와지붕을 얹어 꾸민 화암사 절주인의 마음을 한번 상상해봅니다.

해가 뉘엿뉘엿 저물면 하나둘씩 굴뚝에 연기가 모락모락 피어오르고 구수한 된장찌개 향이 코끝을 자극할 때 즈음 어머니의 "얘야 밥 먹어라"라는 부름에 아이들은 하나둘씩 집으로 달려갔지요.

굴뚝 연기를 보면 가슴 한구석이 따뜻해지고, 또한 그리워집니다.

어머니가 솥에 가득 밥을 해놓고 기다리실 것만 같습니다. 해 저무는 들판에는 스산한 바람이 불어오지만 굴뚝에 피어오르는 흰 연기가 저녁을 푸근하게 합니다.

저무는 이곳 마을에 겨울 스산한 바람이 불어오고, 굴뚝에서 피어오르는 흰 연기 타고 퍼져오는 구수한 밥 냄새와 장작 타들어가는 냄새는 가슴속 깊이 숨어있던 어린 시절 그리움을 흔들어 깨웁니다.

굴뚝은 고향을 그리는 마음과 함께 천년만년을 이어 나갈 한국 문화의 상징 문패입니다.

세상에서 가장 아름다운 굴뚝은 산골짜기 오막살이 낮은 이곳에서 살랑살랑 솟아나는 감자 굽는 냄새가 나는 굴뚝, 특히 음식과 밥내가 묻어 있는 그런 굴뚝이 아닌가 싶습니다.

굴뚝 연기는 생활의 향기요, 당신을 이끄는 소통의 얼굴로 자리하기를 바랍니다.

황토현전적지

사적 제295호 정읍 황토현전적은 정읍시 덕천면 동학로 742(하학리)에 자리하고 있다.

동학농민운동 당시 농민군이 관군을 크게 물리친 격전지이다.

동학농민군은 1893년 고부군수 조병갑의 학정에 대항하여 일어나, 다음 해인 1894년 1월 고부관아를 습격했다. 농민군은 10여 일 만에 해산하였으나, 정부에서 사태 해결을 위해 파견된 관리가 잘못을 농민군에게 돌려 탄압하자, 이에 농민군은 전봉준의 지휘 아래 보국안민輔國安民, 제폭구민除暴救民을 내세우고 다시 일어나게 된다.

고부관아를 점령한 농민군은 주변의 곡창지대를 한눈에 내려다 볼 수 있는 백산으로 진출했고, 이 소식을 접한 전주감사는 관군을 보내 이를 막도록 했다.

그렇게 해서 관군과 농민군은 정읍의 황토현에서 대치하게

향토현전적지의 꽃담

되었는데, 밤을 이용한 기습공격으로 농민군은 관군을 크게 물리치게 되었다.

황토현전투의 승리로 인해 기세가 높아진 농민군은 정읍, 흥덕, 고창, 무장을 비롯한 주변 지역으로 세력을 확장했으며, 나아가 전주까지 장악하게 됐다.

죄 없이 갇힌 죄수들을 석방하고 무기도 탈취했으며, 무장으로 진격하여 교도 40여 명을 구출했다. 이곳에서 전봉준은 동학운동의 의의를 나타내는 포고문을 발표했다.

황토현 싸움에서의 승리는 동학농민운동을 크게 확대시키는 계기가 되었다.

이후 우금치전투에서 관군과 일본군에게 패하여 동학농민운동의 막이 내려지지만, 이 운동에서 보여준 개혁정신과 민족자주정신은 민족독립운동의 전개에 커다란 영향을 끼치게 된다.

친일작가의 작품이라는 지적을 받아온 전봉준 장군 동상이 철거되고, 새로 건립될 전망이다.

정읍시와 민족문제연구소 정읍시회는 2021년도 정읍시 예산안에 황토현전적지에 세워진 동학농민혁명 지도자 전봉준 장군의 동상을 철거하고 재건립하는 예산 12억 원을 편성돼, 의회에서 심의중이라고 2020년 12월 2일 밝혔다.

정읍시 덕천면 하학리 황토현전적지에 1987년 10월 건립된 이 동상은 김경승이 제작했다.

이 동상 및 배경 부조 시설물은 높은 화강암 받침대 위에 짙은 청동색으로 높이 6.4m, 좌대 3.7m, 형상 3.7m 규모다.

이 동상을 제작한 조각가 김경승(1915~1992)은 친일인명사전에 수록된 친일인물이어서, 그동안 동학관련 단체 등의 문제제기가 있었다.

친일인명사전에서는 김경승이 “1942년 6월 3일자 ‘매일신보’에 ‘더 중대한 문제는 재래 구라파의 작품의 영향과 감상의 각도를 버리고 일본인의 의기와 신념을 표현하는 데 새 생명을 개척하는 대동아전쟁 하에 조각계의 새 길을 개척하는 것일 것입니다. 나는 이같이 중대한 사명을 위해 미력이나마 다하여 보겠습니다'라는 기고문을 게재할 정도로 친일행적이 뚜렷"하다며 "해방 이후 만들어진 조선미술건설본부에 참여하지 못하기도 했다"고 서술하고 있다.

시의회에서 예산이 확정되면 시는 시민소통위를 거쳐 동상건립추진위를 꾸리고 공모를 거쳐 △지금 자리에 세울지 △전봉준 장군 동상을 포함해 혁명 3대 지도자인 김개남 · 손화중 장군을 건립할지 △농민군의 군상을 세울지 등을 논의할 예정이다. 현 동상은 사적지 안에 세워져 문화재청 허가 등 여러 절차를 거쳐야 한다.

예부터 우리 국민들은 새해 벽두에 국태민안(國泰民安. 나라가 태평하고 백성이 편안함)을 기원했다.

1894년 전라도 고부에서 시작된 동학농민운동은 보국안민

황토현전적지 꽃담(국태민안)

(輔國安民. 나랏일을 돕고 백성을 편안하게 함), 제폭구민(除暴救民. 포악한 것을 물리치고 백성을 구원함), 광제창생(廣濟蒼生. 널리 백성을 구제함) 등 동학의 대표적 구호를 갖고 있다.

바로 황토현전적지의 꽃담에 '국태민안國泰民安'의 글귀가 새겨있는 까닭이다.

비록 전두환정권 때(1983~1987년 무렵) 만들어진 것이기는 하나 김경승이 만든 전봉준동상의 경우와 다르다.

> 못가의 꿩은 열 걸음 걸어서 한 입 쪼아먹고,
> 백 걸음 걸어서 한 모금을 마시지만,
> 새장 속에서 길러지기를 바라지 않는다.
> (새장 속에는) 먹이가 충분해 기력은 왕성하겠지만
> 속이 편하지 못하기 때문이다.

> 澤雉十步一啄,
> 택치십보일탁
> 百步一飮,
> 백보일음
> 不蘄畜乎樊中,
> 불기흌호번중
> 神雖王,
> 신수왕

不善也.

불선야

— 장자 '양생주', 8

못가의 꿩은 먹이를 구하기 위해 고단한 일상을 살지라도 결코 조롱에 갇혀 길러지는 것을 바라지 않는다. 주인이 주는 먹이에 길들여지는 것을 원하지 않는다. 안락함보다 더 소중한 것은 자유이기 때문이다.

종종 구하는 것들이 조롱 속의 행복은 아니었는지 되돌아보곤 한다. 완전한 자유가 아니더라도 한 걸음의 자유도 그만큼 소중하다.

'장자'는 자유와 해방의 복음이 아닐까. 동학농민혁명때나 지금이나 생명의 본질은 자유다.

'보국輔國의 문(편액 강암 송성용)'을 지나 '제세濟世의 문(편액 석전 황욱)'을 나왔다.

서울로 가는 전봉준

안도현

눈 내리는 만경萬頃 들 건너가네
해진 짚신에 상투 하나 떠가네
가는 길 그리운 이 아무도 없네

녹두꽃 자지러지게 피면 돌아올 거나
울며 울지 않으며 가는
우리 봉준이
풀잎들이 북향하여 일제히 성긴 머리를 푸네

그 누가 알기나 하리
처음에는 우리 모두 이름 없는 들꽃이었더니
들꽃 중에서도 저 하늘 보기 두려워
그늘 깊은 땅속으로 젖은 발 내리고 싶어 하던
잔뿌리였더니

그대 떠나기 전에 우리는
목 쉰 그대의 칼집도 찾아 주지 못하고
조선 호랑이처럼 모여 울어 주지도 못하였네
그보다도 더운 국밥 한 그릇 말아 주지 못하였네
못다 한 그 사랑 원망이라도 하듯
속절없이 눈발은 그치지 않고
한 자 세 치 눈 쌓이는 소리까지 들려오나니

그 누가 알기나 하리
겨울이라 꽁꽁 숨어 우는 우리나라 풀뿌리들이
입춘 경칩 지나 수군거리며 봄바람 찾아오면
수천 개의 푸른 기상나팔을 불어재낄 것을

지금은 손발 묶인 저 얼음장 강줄기가
옥빛 대님을 홀연 풀어 헤치고
서해로 출렁거리며 쳐들어갈 것을

우리 성상聖上 계옵신 곳 가까이 가서
녹두알 같은 눈물 흘리며 한 목숨 타오르겠네
봉준이 이 사람아

그대 갈 때 누군가 찍은 한 장 사진 속에서
기억하라고 타는 눈빛으로 건네던 말
오늘 나는 알겠네

들꽃들아
그날이 오면 닭 울 때
흰 무명 띠 머리에 두르고 동진강 어귀에 모여
척왜척화 척왜척화 물결 소리에
귀를 기울이라-

― 시집 '서울로 가는 전봉준'(민음사, 1985)

'서울로 가는 전봉준'은 안도현 시인이 삶과 역사와 마주하면서 치러낸 순정한 젊음의 기록이다.

대상 속으로 스며들어가 대상과 일체화된 직관의 상상력을 바탕으로 젊음의 뜨겁고 순수한 열정이 시대의 무게와 통합되기를 꿈꾸는 시인의 건강한 서정이 빚어낸 청춘의 일기이다.

"우리 모두 리얼리스트가 되자. 그러나 가슴속에는 불가능한 꿈을 꾸자."

한때 한국뿐만 아니라 세계 곳곳에서 체 게바라는 유행하였다. 이는 두 가지 의미를 지니는데, 하나는 그의 혁명 사상을 따라 세계를 변혁시키려는 혁명가들이 많이 나왔다는 의미이고, 다른 하나는 체 게바라 자체가 하나의 유행 아이템처럼 쓰였다는 의미이다.

수염이 가득한 그의 얼굴 사진은 머그컵이나 티셔츠, 타투, 스티커 등 다양한 곳에 새겨졌으며, 그의 이름은 시계와 맥주에 쓰였다. 미국식 자본주의에 반대했던 그의 생각과는 관계없이 그의 얼굴과 이름은 자본주의의 상품으로 소비된 것이다.

체 게바라는 쿠바의 민중 영웅이며, 동시에 영원히 타오르는 혁명의 상징이기도 하다.

1928년 아르헨티나의 부유한 집안에서 태어난 체 게바라는 뛰어난 두뇌와 타인의 삶을 공감할 수 있는 넓은 가슴을 가진 사람이었다. 의학도였던 그는 무난하고 평탄한 의사로서의 삶을 살 수도 있었지만, 그가 택한 것은 민중을 위한 삶이었다. 체 게바라는 당시 독재자와 거대 자본주의 국가의 압력을 받고 있는 쿠바로 건너가 많은 동지들과 함께 혁명을 일으킨다.

혁명이 성공했기에 체 게바라와 동지들은 쿠바를 해방시키고, 그와 동시에 권력의 중심에 서게 된다.

그러나 그 권력의 중심은 사리사욕이 아닌 민중을 향해 있었다. 쿠바의 중앙은행 총재를 맡게 된 체 게바라는 그동안 독재자와 미국거대자본에 의해 헐벗고 핍박받은 민중을 위한 정책들을 펴나간다.

그가 제일 먼저 한 일은 자신의 월급을 1만2천페소에서 5천페소로 삭감한 일이었다고 한다. 가난한 나라의 경제를 되살리기 위해 매일 허름한 복장으로 새벽3시까지 일했다는 체 게바라.

체 게바라는 쿠바의 경제정책을 이끌어가던 중 다시 혁명을 위해 볼리비아로 떠난다.

그가 태어난 아르헨티나에서 쿠바로, 또 다시 쿠바에서 볼리비아로 떠난 그의 삶의 일정은 언제나 혁명을 향해 있었다. 영원한 혁명을 통해 꿈의 세계를 지향했던 인간. 그러나 체 게바라는 독재자에 의한 학살이 자행되던 볼리비아에서 끝내 정부군에 의해 사살된다. 그리 오래 되지도 않은 1967년의 일이었다.

수영과 담배와 시와 그리고 그 모든 것들을 우선한 사람을 좋아했던 체 게바라. 삶의 한 가운데에서, 자신의 신념을 향해, 죽음까지도 두려워하지 않고 나아간 인간의 모습을 체 게

바라는 보여주었다.

“이 지구상 어디선가 무고한 목숨이 꺼져갈 때 고통을 느낄 수 있으리만치 감성을 계발하여야 한다”고 말한 체 게바라. 그가 그의 딸에게 보낸 편지의 한구절을 옮겨본다.

“아빠는 소신껏 행동했으며 내 자신의 신념에 충실했단다. 이 세계 어디에선가 누군가에게 행해질 모든 불의를 깨달을 수 있는 능력을 키웠으면 좋겠구나. 혁명이 왜 중요한지, 그리고 우리 각자가 외따로 받아들이는 것은 아무런 가치도 없다는 점을 늘 기억하여 주기 바란다…….”

‘리얼리스트(realist)란 우리말로 “현실주의자”라고 번역할 수 있다.

이는 “객관적 사실이나 현실을 있는 그대로 직시하고 인정하려는 태도를 가진 사람”을 이른다.

“리얼리스트가 되자. 그러나 가슴 속에는 불가능한 꿈을 가지자”라는 쿠바의 혁명가, 체 게바라(Che Guevara)의 말은 곧, 현실을 인정하고 수용하되 그것을 맹목적으로 쫓지 않겠다는 말로 생각된다.

나아가 잘못된 현실을 극복하려는 의지를 가져야 하며, 이를 위한 커다란 이상을 항상 가지고 있어야 한다는 말이다.

‘우리 모두 리얼리스트가 되자. 그러나 가슴 속에는 불가능한 꿈을 가지자’

향토현전적지 꽃담

또 하나 멋진 말이 있다.

'청춘은 여행이다. 찢어진 주머니에 두 손을 내리꽂은 채 그저 길을 떠나도 좋은 것이다'

물론 체 게바라처럼 여행을 훌쩍 떠나기에는 청춘은 너무 바쁘다.

좋은 학교 성적, 영어점수같이 사회에 필요한 스펙을 갖기 위해선 시간을 많이 투자해야 한다. 게다가 아직 모아둔 돈도 없는 청춘에게 여행은 사치처럼 느껴지기도 한다.

그럼에도 여행은 잃는 것보다 얻는 것이 더 많다. 인생 전체를 놓고 봤을 때 청춘은 앞으로의 긴 여정을 결정짓는 중요한 시기이다.

그 여행의 한 가운데서 만난 새로운 자신이야말로 인생을 행복으로 이끌 비밀을 알고 있을지 모르니까.

'나'를 만나러 가는 여행이야말로 청춘을 청춘답게 보내는 방법, 아닐까?

더 넓은 세상에서 만나는 새로운 나를 만나고 싶다.

39세에 세상을 떠난 영원한 청춘 체 게바라의 말에는 뜨거운 가슴과 냉철한 이성을 품고 청춘을 불살랐던 흔적들이 곳곳마다 묻어난다.

'나도 다른 사람들처럼 성공하고 싶었다. 하지만 그건 개인적 성고에 불과하다. 나는 라틴아메리카 전역을 여행했고 거기에서 빈곤과 기아 질병으로 죽어가는 무리들을 보았다.

태양을 마주할 용기가 있는 젊은이라면 누구나 뜨거운 가슴을 찾아 헤맬 줄 알아야 한다. 그 길이 돌이킬 수 없는 길이라 할지라도, 심지어 돌아오지 못할 길이라 할지라도'

체 게바라는 현실적으로 규제와 제한이 많아서 진정한 혁명을 완수할 수 없다고 생각했다니, 현 정부와 맥을 같이하는 것인가? 우리의 영원한 별빛, 체 게바라(피델 카스트로) 당신은 오늘 어느 곳에서 혁명을 준비하고 있는가?

'인생은 방황이 아닌, 선택이다'는 말에 큰 울림을 갖는다.

제4부

전주에서 꽃담을 만나다

전주 한옥마을 지족헌
태평문화공원
임실 녹천재 꽃담
경복궁 십장생 굴뚝

전주 한옥마을 '지족헌知足軒'

전주 한옥마을 '지족헌知足軒'은 김용무 전 전북신용보증재단 이사장이 살고 있는 살림집이다. 지족헌 편액은 취석 송하진 전 전북지사가 썼다.

김 전 이사장은 '욕심을 내지 않고 모든 일에 만족하면서 살고 싶다(소욕지족, 小欲知足)'는 좌우명으로 스스로의 당호를 지었다고 한다.

지족헌知足軒

기린봉 토해낸 달
조선왕조 발상지
자만동에 자리한 지족헌

묵향의 검은 기와지붕

나지막한 황토 담
주인의 여유로운 마음이리라

천년을 산다는 소나무
두꺼비 바위의 넉넉함
오죽 같은 선비의 지조

마당 안 바닥의 덮개석
여백으로 텅 빈 정원
무욕의 파장을 음미하리라.

바람따라 구름따라
자연과 벗 삼아
독서삼매경에 빠지며

분별심을 여의고
원융무애의 경지로
주어진 소임을 다 이루리라.

족한 줄 알고 사는 세상
과거 현재 미래생에
깨달음의 지혜를 얻으며

지족헌 굴뚝

염화시중의 미소로
무소의 걸음으로
해탈의 노래를 부르리라.

知足軒

麒麟吐月滋滿座
黑瓦低垣露餘心
松壽蝦岩貴竹志
盤石空園波長吟

與風雲讀書三昧
離分別圓融遂任
知足天三生得智
微笑牛步解脫音

만족할 줄 아는 것이 '지족知足'이다. 자세히는 '소욕지족少欲知足', 곧 욕망을 덜고 과분한 탐욕을 일으키지 않는 만족이요. 수분지족守分知足 곧 분수를 지켜 만족할 줄 안다는 것이기에, 더없이 수지受持해야 할 덕목이다.

'소욕少欲'이란 아직 얻지 못한 것에 대해 과분한 욕심이 생기지 않게 하는 것이며, '지족知足'이란 이미 가진 것은 적을지

지족헌(취석 송하진)

라도 그것에 만족할 줄 아는 평상심이다.

명심보감 안분편安分篇에도 만족을 말한다.

> '만족할 줄을 알아 늘 만족해하면, 죽을 때까지 욕되지 않을 것이요, 멈출 줄 알아 늘 적당한 선에서 멈추면, 죽을 때까지 부끄러움이 없으리라(知足常足이면 終身不辱하고 知止常止면 終身無恥니라)'

'지족헌'은 1935년 김제 백산에 지어진 일자 한옥을 2011년 생활공간 확보를 위해 기역자 한옥으로 변화를 주어 이축했다.

담은 나지막하고, 지붕은 머리를 잘 빗어 올린 상투를 연상케 한다. 몸을 낮춰서 들어가는 대문에서 머리를 숙이는 겸손을 익히며, 뜰 안의 텅 빈 모습은 공空을 느끼게 한다.

최인호가 물었다. "행복이 시작되는 지점은 어디입니까?"

법정이 답했다. "소욕지족小欲知足, 작은 것을 갖고도 고마워하고 만족할 줄 알면, 행복을 보는 눈이 열리겠지요. 일상적이고 지극히 사소한 일에 행복의 씨앗이 들어 있다고 생각됩니다"

불가의 수행자와 가톨릭 신자가 마주 앉았지만 둘의 이야기는 결국 하나의 길로 합쳐졌다.

"모든 것은 받아들이기에 따라 행복이 될 수도 있고 고통이 될 수도 있다"는 법정의 말을 시작으로 대화는 사랑, 가족, 자아, 진리, 삶의 자세, 시대정신, 참 지식, 고독, 베품, 죽음으로 이어진다.

법정스님은 '살아있는 것은 다 행복하라'라는 수필에서 "이 세상에 태어날 때 빈손으로 왔으니 가난한들 무슨 손해가 있으며, 죽을 때 아무것도 가지고 갈 수 없으니 부유한들 무슨 이익이 되겠는가? (중략) 똑같은 조건을 두고 한쪽에서는 삶의 기쁨으로 받아들이고 다른 한쪽에서는 근심 걱정의 원인으로 본다. 소욕지족小欲知足, 작은 것과 적은 것으로 만족할 줄 알아야 한다. 우리가 누리는 행복은 크고 많은 것에서보다 작은 것과 적은 것 속에 있다. 크고 많은 것만을 원하면 그 욕망을 채

울 길이 없다. 작은 것과 적은 것 속에 삶의 향기인 아름다움과 고마움이 스며있다."

고 하면서 작은 것에 만족하는 생활이 곧 행복이라고 했다.

이 집엔 법정스님의 '지족천知足天'의 세계 그대로를 드러낸다.

푸른 솔에서 십장생의 무병장수, 두꺼비 바위에서 넉넉함, 오죽에서 선비의 지조를 느낄 수 있다는 이춘구 전 언론인의 설명이다.

만성동 김해김씨 종가 마을에서 옮겨 심은 백년이 넘은 외줄기의 개나리도 인상적이다. 양택명당으로서 지녀야 할 것을 다 갖추었다.

'지족헌' 당주 김해김씨의 내력 또한 놓칠 수 없다.

조선시대 사초문제로 화를 입은 김일손 선생의 후손이기 때문이다.

김이사장의 조상인 삼족당 김대유 선생은 그때 경상도 청도로 이거, 학문에 정진했으며, 그 뒤 후손이 남원 보절로 또다시 전주 만성동으로 옮겨 300년 동안 살게 됐다고 한다.

김 전 이사장의 아버지는 1927년 전주고보에 다니면서 식민지배를 미화하고 우리 민족을 무시하는 등 교육자답지 않은 언행을 일삼은 일본인 교장을 교문 밖으로 쫓아 낸 뒤 불온학생으로 지목돼 제적을 당했다고 전한다. 이러한 내력은 뿌리

깊은 선비정신의 발현이 아닐까.

'대학大學'의 첫머리에는 '마땅히 그쳐야 할 곳이 바로 지선至善이 있는 곳[止者 所當止之地 卽至善之所在也]'이라 하면서 지지知止의 효과를 다음과 같이 기술하고 있다.

> 그칠 데를 안 뒤에[知止] 마음이 안정(定)하게 되고, 마음이 안정되면 고요[靜]해지고, 고요해지면 편안安하고, 편안하면 사려慮깊게 되고, 사려 깊으면 목표를 달성[得]하게 된다
>
> 知止而后有定 定而后能靜 靜而后能安 安而后能慮 慮而后能得)

고 했다.

사람들은 어떤 일을 할 때, 제동장치 없는 자동차처럼 멈출 줄 모르고 자기만족에 도취되어 앞으로 나아가기만 하려고 한다.

때론 하던 일을 멈추고 자기를 돌아보면 비로소 보이는 것들이 있으니 그것이 하고자하는 일의 성취를 앞당긴다.

그리고 항상 더불어 살면서, 남을 배려하는 역지사지易地思之의 마음으로 자기의 분수分數를 지킬 것을 공자는 말하고 있다[子曰 不在其位 不謀其政].

'중아함경' 사주품에도 다음과 같은 내용이 있다.

"묘한 보배가 비처럼 내려도 욕심 많은 자는 만족하지 않구나[天雨妙珍寶 欲者無厭足]." 그러면서 "비록 황금을 쌓아 산과 같게 한들 어느 한사람도 만족하게 할 수 없다[若有得金積 猶如大雪山 一一無有足]"

끝없는 욕심으로 독차지 하려는 중생심 이야기이기도 하다.

그러나 상식적인 사람이라면 혼자서 다 가지려고 애쓰기보다 나누어서 서로 이롭고자 할 것이다.

물질이란 상황에 맞게끔 썼을 때 그 가치가 제대로 드러나기 때문이다. 다르게 표현하면 작용作用하였을 때 귀천貴賤이 정해지는 것은 아닐런지.

만약 그것을 모르면 독점하려고만 할 것이다. 그런 면에서 자신의 것을 아까워하여 타인에게 베풀지 않으면서 탐욕으로 만족을 모르는 간탐慳貪도 같은 맥락이다.

이 부분은 소유와 분배의 문제로 비칠 수도 있으나, 여기서는 욕심의 양상을 말한다.

재물 자체를 부정하는 것이 아니다. 다만 얻는 방법과 사용에 따라 고통과 안온으로 나눠질 뿐이다.

최근 들어 이택구화가가 '지족헌'의 돌담에 지화자를 힘차게 외치면서 작업을 했다.

달빛 아래 소녀들이 강강술래를 하고 있는 장면이다.

추석날 보름달 아래에서 여러 명의 사람들이 원형을 그리면서 손을 잡고 노래와 함께 도는 '강강술래'의 모습이다.

돌담을 자세히 들여다보면, 큰 돌은 작은 돌을 품고 있고 작은 돌은 큰 돌에 의지하며, 둥근 돌은 모난 돌을 감싸고 모난 돌은 둥근 돌의 틈새를 메워 서로를 지탱해주고 있다.

개울이나 밭둑에서 흔히 볼 수 있는 막돌로 쌓은 돌담이 꼭 살아있는 인격체처럼 느껴진다.

이렇게 서로 돕고 의지하며 오랜 세월을 지탱해온 돌담이 아옹다옹 사는 우리네 사람들에게 오히려 살아가는 지혜를 가르쳐 준다.

작가는 내달리던 신명, 덧쌓은 세월 숱한 첨삭을 거듭하며, 한 편의 시라도 옳게 읊고픈 시어들을 간추려 보았다.

바람이 불 때면 서로 팔을 걷고 덩실덩실 어깨춤이라도 추는 듯하다.

사람마다 왜 틈이 없고 빈자리가 없겠는가마는 그 틈새와 빈구석이 오랜 관계를 유지시키듯이 맞붙은 듯 어긋난 돌들의 틈새가 오히려 바람과 세월의 힘을 견디는 유연한 장력이 된다.

돌담을 쌓을 만한 능력도 없고 기회도 없지만 가끔은 무너진 돌담을 고쳐 쌓아야 할 일이 생긴다.

그럴 때면 제법 익숙한 돌쟁이처럼 돌 모양을 가늠하며 이

리저리 꿰맞춰 본다.

시나브로, 담 위에 작은 체험의 몸부림을 엮었다.

앙상한 나뭇가지에 움이 돋아나고 꽃이 피는 고목의 향기를 흩날리며 새로운 삶의 희망으로 거듭 살아난다.

담장에 등장하는 소녀들의 구김살 없는 신명이 압권이다. 긍정의 생각으로 즐거워서 갖는 강강술래 같은 춤사위가 '생놀이'로 비쳐진다.

버선코마냥 끝이 살짝 올라간 한옥집 지붕이 서로 어깨를 맞대고 섰고 아궁이에 불 지핀 굴뚝에선 흰 연기가 모락모락 피어오른다.

자전거를 타고 쌩쌩 겨울을 가르는 아이들의 낭창한 웃음소리와 전주천과 나무 사이를 오가는 새들의 유쾌한 지저귐에 한옥마을은 생동감이 넘쳐흐른다.

볕이 어찌나 포근한지 불어오는 바람에 묻어 있는 온기에 얼었던 몸이 노곤노곤해진다.

시시각각, 담을 타고 시원한 바람이 넘나든다. 한옥마을을 찾은 이방인의 어깨를 툭툭 치며 바람이 말한다.

'괜찮아, 조금 느려도 괜찮다니까'

태평문화공원

송하진 전 전북지사(세계서예전북비엔날레 조직위원장)가 2024년 9월 25일부터 10월 1일까지 서울 인사동 한국미술관 3층에서, 10월 11일부터 11월 10일까지 전주 현대미술관서 첫 서예 개인전을 가졌다.

전시를 위해 모두 500여 점의 작품을 완성했다.

400여 점은 책자에 담고, 200~300여 점은 전시를 통해 선보일 생각이다. 그는 "그동안 도움을 준 사람들에게 은혜를 갚는 차원에서 이번 개인전을 갖는다"고 했다.

장법과 필획, 구도 등이 예사롭지 않다. 각 작품마다 나름대로 자유롭고, 메시지에 따라 구성지고, 발랄하고, 깨우치는 듯 탄탄한 바탕이 남다른 정신세계를 이루고 있다. 더런 바늘 같은 격언으로 삶을 꿰매주고, 따듯한 감성으로 위로의 말을 건네며, 작은 틈과 틈 사이에서 의미를 발견할 수 있다.

작가의 벼린 솜씨는 아날로그 방식으로 판박이 같은 디지털

태평문화공원 꽃담

시대를 살아가는 우리를 향해 부드럽게 손을 내밀었다.

2023년 9월에 쓴 '길'이란 작품이 보인다.

'우리는 언제나 길 위에 있다. 에움길, 지름길, 뒤안길, 고샅길 (중략) 등 무수한 길도 실은 너에게 향한 것이었다'

'내가 지나온 모든 길은 곧 당신에게로 향한 것이었다'는 메시지가 아주 강한 느낌으로 자리한다. 당신 자신을 향한 길, "천천히 걷고 서두르지 마라. 당신이 도달해야 하는 유일한 곳은 바로 당신이다" 우리의 목적지는 어떤 특정한 장소나 직업 또는 순간이 아니다. 그것은 당신의 꿈에 이르는 길이 아니며, 자신과 만나는 것과 같다. 진정한 본질을 찾을 수 있는 장소이다.

"때때로 우리는 가장 중요한 것이 우리 외부에 있지 않고, 오히려 내부에 있다는 것을 잊어버리곤 한다. 아니, 그들은 실제로 우리 각자의 내면에 존재한다. 자신과 공유할 수 없다면 당신이 원했던 것을 얻고 꿈꿔 왔던 삶을 살기가 어려워지게 된다. 당신의 에너지의 균형을 맞추고, 우리의 외부 목표의 우선순위를 결정할 때가 있다. 나중에 자신에 대해 배우기로 미루게 되는 것이다. 그러나 당신은 가장 중요한 일을 미뤄버리고 있다"

'얼', '사랑' 등 도자기 작품도 여러 점 선보였다.

8월 초 어느 날, 염천의 더위를 몰아내는 서예가의 모습이 사뭇 진지하다.

"정성과 성의를 다한다! 집중한다! 몰입한다! 나를 쏟아 붓는다! 순간적일 수밖에 없고, 그것도 한번의 붓질만이 허용되는 점과 획! 과연 너는 어떤 모습일까"

– 전북특별자치도 사기장(제29호, 분청도장) 토광 장동국 김제 도자기 체험학습장에서

'흙빛 장동국 빚고 푸른돌 송하진 쓰다. 2024. 여름'

이같이 말하는 서예가는 김제가 고향이다.

한글 서체의 정형적인 구도를 벗어나기 위해 새로운 조형, 새로운 장법으로 계속 도전해 온 결과를 보인 작품이 도드라진다.

그는 서예가 강암剛菴 송성용(宋成鏞, 1913~1999) 선생의 4남 2녀

가운데 막내다. 호남고속도로에서 전주로 들어오면 제일 먼저 보이는 '호남제일문湖南第一門' 현판이 강암선생의 글씨다. 할아버지는 유학자였던 유재裕齋 송기면(宋基冕 1882~1956) 선생이다.

큰형인 하철씨는 관선 전주시장과 전북도 부지사를 역임했다. 둘째 형 하경씨는 성균관대 유학대학장, 셋째 형 하춘씨는 고려대 문과대학장을 지냈다.

강암선생의 막내딸로 익산에 살면서 활발한 활동을 펼치는 이당怡堂 송현숙은 그의 누님이다. '이당怡堂'이란 호는 온화한 성품으로 따뜻한 가정을 만들어가며 살라는 의미로 선친인 강암선생이 지어 주었다. 국전 초대작가로, 최근에 강암서예학술재단 이사장에 취임했다.

묵향墨香 가득한 집안 내력 덕에 취미로 즐기다는 서예가 수준급이다, 그는 선친으로 부터 한학과 서예 등을 익혔다.

송 전 지사의 호는 '취석翠石'이다. 양홍정楊弘貞이 백락천白樂天에게 푸른 돌 셋을 선사한 데 비롯된다.

이는 지금도 날마다 새롭다는 의미다. 그래서 끊임없는 생각의 원천이 된다.

생각은 순간이고 기억은 짧아져가니, 그들을 놓치지 않기 위해서 그는 오늘도 호처럼 '파란 돌'처럼 묵묵히 서예에 정진하고 있다.

그는 전북현대 K리그 개막전을 축하하기 위해 2015년 5월

7일 전주 월드컵경기장을 찾은 슈틸리케 국가대표 축구감독에게 '감동의 축구, 생동하는 대한민국, 자랑스런 슈틸리케'를 친필로 적은 합죽선을 선물했다.

최강희 감독에게도 '전북 축구는 세계로, 전북 도민은 하나로, 최강희 파이팅'을 친필로 쓴 합죽선도 함께 전달했다.

2017년엔 인도네시아 발리에서 열린 아시아 태평양지역 스카우트 서밋총회에서 전북도와 한국스카우트연맹이 주최한 '코리아리셉션'에 참가, 각국의 대표들에게 붓글씨를 선물하며 세계잼버리 유치 홍보 활동을 펼쳤다.

전주에서는 '풍락헌豊樂軒', 얼굴없는 천사비, 전주 남천교의 '청연루(한글, 한문)', 한옥마을 '정남헌正南軒', '전주향교 문화관', 전주국악방송, 음식점 '양반가'와 '종로회관'을 비롯, 시내 곳곳에 필적이 많다.

김제 스마트팜 혁신밸리 '부용정' 현판도 그의 글씨이다. '부용芙蓉'이란 지명은 이 지역이 연꽃과 밀접한 관계가 있기 때문에 유래된 이름이다.

2009년에 보광재에 건립한 普光亭(보광정) 현판도 그의 필적이다. 한국문인협회 전주지부가 '문맥' 통권 62호를 발행, 제호를 '전주문학'으로 바꾸면서 제자를 썼다.

도정 방침은 매년 송 전지사가 정세와 시기에 맞게 직접 골라 붓글씨까지 직접 썼다. 2022년 '견인불발堅忍不拔' 도정 방침은 그의 친필이었다.

이는 송나라 최고의 시인으로 일컬어지는 소식의 조조론에 나오는 말이다. '아무리 어려운 상황을 맞아도 끝까지 굳세게 참아내어 목표를 달성한다'는 뜻이다.

그는 민선 6기 출범 이후부터 해마다 새해 사자성어를 선정, 도정 운영 방향을 제시했다. 그동안 △2015년 휴수동행(携手同行, 서로 손을 잡고 함께 가자) △2016년 무실역행(務實力行, 참되고 실속있게 힘써 행하자) △2017년 절문근사(切問近思, 절실하게 묻고 현실을 직시하자) △2018년 반구십리(半九十里, 끝마칠 때까지 긴장을 늦추지 말자) △2019년 절차탁마(切磋琢磨, 과정을 중시하며 목표를 향해 노력하자) △2020년 자강불식(自强不息, 스스로를 단련해 어떤 시련에도 흔들리지 않는다) 등을 정했다. △2021년 '안정되고 평안해야 원대한 꿈을 이룰 수 있다'는 의미를 담아 올해의 사자성어로 정한 '영정치원寧靜致遠'의 뜻을 토대로 코로나19와 기후위기에 적극 대응, 안정되고 평안한 도정을 이루면서 재생에너지, 탄소중립, 그린뉴딜 등 4차산업혁명 시대에 부응하는 미래 신산업을 육성해 생태문명으로의 전환을 앞장서 추진해 나갔다.

이는 제갈량이 전쟁터에 나가면서 어린 아들 제갈첨에게 보낸 '계자서誡子書'에서 유래한 말이다.

'마음이 맑지 않으면 뜻을 밝힐 수 없고, 마음이 편안하고 고요하지 않으면 원대함을 이룰 수 없다'는 내용이 포함돼 있다.

송 전지사는 2023년 1월부터 2026년 12월까지 4년간 세계서예전북비엔날레 조직위원장으로 조직위 운영 전반을 맡아 이끌고 있다. 그는 민선 6 · 7기 전북도지사로 재임하면서 서예문화 발전에 힘썼다. 우산 송하경 성균관대 명예교수의 동생이다.

송 전 지사는 세계서예전북비엔날레가 개최될 때마다 출중한 작품을 선보이는 서예가다.

2021년 13회 세계서예전북비엔날레(11월 5일 ~ 12월 5일 한국소리문화의 전당 등)의 명사서예전에 참여, '화이부동(和而不同: 남과 사이좋게 지내기는 하나 무턱대고 한데 어울리지 않는 일)'이란 작품을 냈다.

2013년 당시 송하진 전주시장은 '송하진이 그리는 화이부동和而不同 세상'이란 책을 발간, 자신의 리더십의 근간이 이로부터 비롯됨을 어필하고 있다.

그는 세계서예전북비엔날레와 관련이 깊다.

1997년 개최된 무주 동계유니버시아드 문화행사로 세계서예전북비엔날레를 구상하고 출범시킨 주인공이다.

첫 조직위원장은 송 전 지사의 형인 송하경 교수가 역임, 비엔날레 사상 최초로 형제가 바로 그 자리의 주인공이 됐다.

그는 퇴임 후 거처를 전주 시내에 마련했다.

"산책도 나가고 자연스럽게 도민들도 만나고 있다. 워낙 걷는 것을 좋아한다. 바쁘게 일할 때에도 일부러 차에서 내려 도심을 걷곤 했는데 이제 유유자적하게 걸을 수 있고 도민과 만날 수 있어 행복하다"고 했다.

도지사 시절에 추진한 천리길도 여유롭게 둘러보고 있다. 때론 신정일 우리땅걷기 이사장이 길동무가 되어주기도 한다.

그는 "공부도 꾸준히 하고 글도 쓰고 글씨도 쓰려고 한다. 아직 활력도 건강도 충분하다고 느껴진다. 송하진이라는 개인의 삶이 주가 되겠지만 어떤 식으로든 전북을 위한 삶이 되도록 하겠다"고 했다.

이어 "개인적인 삶을 살기 위해 준비하는 시간을 종종 갖고 있다"며 "붓글씨를 쓰거나 시를 쓰는 등 취미 활동을 즐기고

태평공원 꽃담

친구 등을 만나고 있다"고 덧붙였다.

전주태평문화공원은 한자로 太平亭(태평정)으로 그가 썼다.

KT&G가 최근 전주시에 기증한 전주 태평문화공원의 하이라이트는 경복궁 자경전을 꼭 닮은 꽃담이다.

길상문자인 수복, 강령, 부귀, 다남, 만수, 쌍희囍 등을 벽돌로 무늬를 놓아 쌓은 까닭에 더욱 운치를 더한다. 태평문화공원같은 꽃담이 주위에 보다 더 많이 세워져 우리들의 6감이 풍성히 넘쳐흘렀으면 한다.

우리나라의 경우 조선 선조 때 학자인 이수광이 펴낸 지봉유설(1614년)에 담배가 첫 언급됐다. 대중적인 보급은 현 KT&G의 전신인 원동아연초주식회사가 설립된 1921년. 이때 전주 태평동에도 전주공장(옛 전주연초제조창)이 만들어졌다.

연초 재배부터 수매 가공, 판매까지 독점해온 국영기업이다. 이 때문에 생긴 신조어가 바로, '전매특허(독점권)'이다.

그랬던 전주연초제조창은 2002년 문 닫았고 이후 아파트 단지로 재개발됐다. 그 한 켠에는 이를 기념한 '담배공원(태평문화공원)'이 조성됐다.

공원에는 옛 전주연초제조창 굴뚝을 형성화 한 건축물을 중심으로 담뱃대를 문 호랑이 조각상과 한 향토시인의 시 '담배'를 새겨 넣은 시비 등이 세워졌다. 물론, 공원 내 흡연은 금지다.

공원은 '문화공원'과 '어린이공원', '소공원' 등 3개 테마형 공원으로 구성됐으며, 전주의 역사를 엿볼 수 있는 상징물로 꾸며졌다.

문화공원에는 전주의 전통문화도시의 특성과 한스타일 역동 산업의 의지를 엿볼 수 있는 비빔밥 정원을 비롯해 전주역 상징물과 옛 연초제초창 굴뚝 이미지를 반영한 담배조형물, 대륜선 상징물, 대형분수 등이 갖춰졌다.

공원 내 비빔밥 정원에는 전통병풍 형태를 모티브로 비빔밥 해설판을 한국어는 물론, 일본어, 중국어, 영어 등 4개 국어로 디자인해 설치해 눈길을 끌고 있다.

또 전주역 상징물에는 최초로 전주역과 북공정이 입지했던 태평동의 역사성을 감안, 철길과 완목 신호기, 수동 제어기 등 철도시설물을 설치해 시민들이 직접 보고 체험할 수 있도록 했다.

이와 함께 동화에 대한 어린이들의 호기심을 유발할 수 있는 '호랑이 담배 먹는 모습'을 형상화한 청동상과 황소조형물도 설치됐으며, 전주를 상징하는 부채 가운데 햇볕가리개로 사용되던 대륜선을 모티브로 설계한 쉘터와 모정(대평정) 등 시설도 갖췄다.

이밖에 어린이 공원에는 어린이들이 안전하게 마음껏 뛰어놀 수 있는 놀이터와 그네 등 각종 놀이기구가 설치됐으며, 소공원에는 시민들이 언제든지 편안하게 쉴 수 있는 정자와 휴식시설 등이 설치됐다.

전북은 높은 조형미를 갖고 있는 독특하고 아름다운 전통 담장을 갖고 있다.

전통이란 민족의 생활양식이 역사적 발전 과정을 거쳐 형성된 정신을 통하여 형식의 표현, 조형성 및 기법을 토대로 계승 발전되어 온 것이라 할 수 있다.

끊임없는 외세의 침략으로 시련을 겪는 역사 속에서도 주변 국가의 영향을 받지 않고 독특한 조형성을 오늘날까지 이어온 전북의 전통 담을 오늘날 서구화된 생활양식과 조화되는 독창적인 방법으로 계승 발전시켜 나가야 할 시점이다.

임실 녹천재 꽃담

임실 지역엔 전통 꽃담이 많이 남아 있다. 하지만 지정 문화재가 아닌 까닭에 삼계면 녹천재 꽃담은 시간이 흐를수록 원형 훼손이 심각하다. 최근 들어 전국적으로 내린 폭우로 인해 한쪽 담장이 완전히 부서지는 피해가 발생했다.

삼계면 녹천재는 꽃담이 몇 곳에 자리하고 있지만 등록문화재 또는 임실 향토문화유산 지정이 절실하다.

신평면 영모재 역시 비문과 꽃담만 남아 훼손의 우려가 크다.

오수면 용정리 용정龍井마을 회관 바로 건너편 '옥봉玉峰고택'의 아름다운 합각은 우리나라에 남아 있은 꽃담 가운데 건축 연대가 건물 밖에 보이는 건축물로 유일하다.

'갑甲'자와 '자子'자 사이엔 반가운 꽃 한 송이가 피어 있지만 최근 들어 원형을 상실, 상당히 아쉽기만 하다. 이에 따라 꽃담의 비지정문화재 긴급예산 지원 등 보존 대책을 강구하고

녹천재

등록문화재 지정, 또는 시군향토문화유산 지정 등의 노력이 필요하다.

최성미 삭녕최씨 통례공파 종중 대표는 "사라져가는 꽃담 유물의 훼손 상태가 심각해 많은 예산이 필요, 종중이 감당하기엔 불가한 지경에 이르렀다"면서 "이를 애석하게 생각해 비지정문화재의 긴급 지원이 시급하며 등록문화재 또는 시군향토문화재 지정이 절실하다"고 했다.

△ 삼계면 녹천재

삼계면 녹천재鹿泉齋는 삭녕최씨의 선조묘와 제실이 있다. 이곳은 성수지맥 노산에서 뻗어 나온 산줄기가 깃대봉에서 갈오봉 아래로 맥을 형성했는데 산세가 사슴이 물을 먹는 형국의 명당이라고 해서 그곳에 녹천재를 짓고 샘을 팠으나 지금은 샘이 메워져 흔적만 있다.

이곳 녹천재의 대문채 안밖 담장이 꽃담으로 되어 있다. 녹

녹천재 꽃담

천재의 샘물은 유천(버드내)의 발원지로써 삼계방죽물을 담아내고 있다.

소슬대문 양 옆의 담장에 한자 문양(壽福, 靑龍, 亞)과 태극 문양 등이 새겨져 있다. 왼편 담장에는 '버금 아亞'자 10여 개,담장 오른편에는 꽃문양을 필두로, '용龍'자, '청靑'자, '아亞'자 4개, 태극 문양, '부富'자, 또 다른 태극 문양, 그리고 다시 '아亞'자 4개가 자리하고 있다.

녹천재 꽃담에는 유독 '버금 아亞'자가 많이 새겨져 있다. 우리는 녹천재에서 예수의 가치관을 만난다.

보통 '으뜸'은 많은 것 가운데 가장 뛰어난 것을, '버금'은 다음을 말한다. 경쟁사회에서 2등은 루저(loser)일지 모르지만 고명高明한 철학의 세계에서는 전혀 그렇지 않다.

맹자를 공자에 버금가는 사람이라고 해서 아성亞聖이라고 부르지만 아무도 그를 패배자로 보지 않는다. 그는 스승과 함께 빛난다. 오늘도 녹천재의 꽃담에서 함께 이기는 법을 배운다.

'녹천재 중건기'는 1921년 중수했다고 쓰여 있다.

△신평면 영모재

신평면 '영모재(永慕齋, 대리마을)'는 시간이 유수처럼 흘러감 때문인가, 영모재의 '정부인여산송씨' 여각은 온데 간데 없다. 달랑 '열녀 정부인 여산송씨 묘갈(윤희구 찬, 윤용구 두전, 민병석 글씨)'이 남아있다. 이는 1925년 을축乙丑년에 썼다. 이 비 1기와 함께 키가 훤칠한 은행나무 2그루, 그리고 속절없이 우니는 매미들의 합창이 전부다. 그래도 흙담의 4곳(담장 입구 좌측 2곳, 오른쪽 1곳, 옆 담장 1곳)에 꽃담이 존재해 다소나마 위안이 된다.

암키와 20여 장을 이용해서 만든 둥그런 꽃들을 모두 헤어려보니 모두 18송이. 둥근 꽃들은 참으로 아름답지만 너무 반듯반듯한 그 아래의 암키와들로 인해 투박한 맛은 그다지 없다는 느낌이다. 우리네 전통 담은 주 건축물의 몸체와 같은 계통의 재료로 통일감을 갖고 있으며, 외부 환경의 여러 구성 요소를 둘러쌓음으로써 하나의 통일된 공간 속에 융합시켜 준다.

이곳의 꽃담은 첫째, 지형적인 영향을 깊이 받고 그러한 환경을 자신들에게 유리하게 이용했으며, 신의 섭리에 대처하고 순응하는 사상이나 태도를 갖게 만들었으리라.

둘째, 선조들의 지혜와 경험을 바탕으로 그들의 기원을 담아 형이상학적 형상을 담장에 표출한 듯하다. 기와를 담장에 수놓으면서 후손들의 만수무강을 기원하였으며, 이들이 조상들을 향한, 효심을 기원하는 마음을 그대로 담아 아름다운 의장으로 오늘날까지 남아 있지 않은가. 우리가 높은 조형미를 갖고 있는 독특하고 아름다운 전통 담장을 가지고 있는 까닭이다. 끊임없는 외세의 침략으로 시련을 겪는 역사 속에서도 주변 국가의 영

신평면 영모재 꽃담

향을 받지 않고 독특한 조형성을 오늘날까지 이어온 우리의 전통 담을 오늘날 서구화된 생활양식과 조화되는 독창적인 방법으로 계승 발전시켜 나갔으면 하는 데, 현실의 벽은 너무나도 높다.

이곳의 꽃담은 살아있는, 생생한 '효자도'다. 민화 가운데 설화화는 교훈적인 내용, 교육적인 내용, 충효를 나타내는 내용, 애정을 다룬 것들이며 설화뿐 아니라 인물에 관한 내용의 그림이다.

△오수면 용정마을 '옥봉玉峰 고택'

오수면 용정리 용정龍井마을 회관 바로 건너편 '옥봉玉峰 고택'에서 아름다운 합각 꽃담을 만났다.

우리나라에 남아 있은 꽃담 가운데 건축연대가 적힌 곳은 이곳이 유일하다.

가옥에 선명하게 새겨진 '갑자甲子'란 글씨는 건물 밖의 상량문과 같은 역할을 하는 셈이다. '갑甲'자와 '자子'자 사이엔 반가운 꽃 한 송이가 피어 있다.

이곳은 지금으로부터 5백 년 전에 전주이씨, 청주한씨 등 타성이 20여 호씩 살아왔으며, 마을의 유래는 '우물[井]'에서 '용龍'이 올라갔다'는 전설에서 비롯됐다고 한다.

용정마을은 노령산맥의 줄기를 이어받아 청룡백호(청룡은 명당이나 혈지를 위해 왼쪽에서 보호하고 있는 산으로, 욱일승천(旭日昇天)의 기세로 마치 용이 나는 것처럼 힘차게 꿈틀거리는 형상이다. 백호는 명당이나 혈의 오른쪽에 위치해 있는 산으로, 기운이 영향을 미쳐 재물이 불어나고 부가 번창한다고 함)가 자리한 가운데 1498년 무오사화의 국난을 극복하고 4-5명의 독립유공자를 배출했다고 한다.

밭 속의 기와집 한 채, 이 기와집도 정녕 아름다운 날은 계속되는가. 꽃담이 아름다우니 저절로 꽃에 취하고, 꽃에 취하니 응당 세상이 어떻게 돌아가는지 관심은 뒷전이다.

'갑자甲子'란 글씨 선명하게 모습을 드러낸다. '갑甲'자와 '자子'자 사이엔 반가운 너, 꽃 한 송이는 살가운 임실 사람들의 마음을 쏙 빼닮아 복제했구나.

그러나 꽃잎 좌우로 '갑'자와 '자'자가 서로 간격을 두고 떨어져 있어 익산 동고도리 석불입상(보물 제46호)같은 느낌 유별나다. 높이 4.27m의 두 석불이 옥룡천을 사이에 두고 동서로 약 200m 거리에 떨어져 마주보고 있듯이 말이다.

집주인 이강수 씨의 말에 의하면 '옥봉玉峰고택'은 선조인 고 이기원(1924~2005년)씨가 출생하던 해가 '갑자년(1924년)'으로, 이때 지은 집이기 때문에 글귀로 상징성을 담보했다는 설명이다.

이 꽃담은 전주이씨 효령대군파의 집안 내력을 나타내주는 상징물에 다름 아닌 듯, 안평대군의 '몽유도원도夢遊桃園圖'에 지고 싶지 않는 모습일 터.

그러나 꽃담이 있는 사랑채를 제외한 1백20여 년 된 안채, 그리고 곳간 등은 개·보수를 한 흔적이 있는 가운데 굴뚝이 있었다는 얘기가 전할 뿐이다.

용정마을 옥봉고택 꽃담

'갑자'를 합각에 새겨놓은 만큼, 아주 보기 힘든 돌출된 상량문(?)을 갖고 있는 '옥봉 고택', 새로이 집을 지은 게 얼마나 가슴이 벅찼으면, 이처럼 누구라도 볼 수 있는 대자보(?)를 만들어 놓고 자랑을 하는 것일까. '자신감에 찬 드러냄의 철학, 능동적 행동, 그리고 신사고의 탄생'을 의미하는 꽃담인 셈이다. 안타깝게도 최근에 새로운 합각으로 바뀌었다.

경복궁 십장생 굴뚝

인간은 오랜 세월동안 무병장수無病長壽를 꿈꿔왔다. 이러한 오랜 염원이 잘 표현돼 있는 것이 바로 십장생十長生이다.

십장생은 장생불사長生不死를 상징하는 10가지 동물과 식물로 해 산 물 돌 소나무(대나무) 달(구름) 불로초 거북이 학 사슴이다.

이는 자연물을 숭배하던 우리 조상들의 토속 신앙과 도교에서 유래된 신선사상이 융합된 것으로 보는 것이 일반적 견해다.

신선사상神仙思想은 불로장생의 신선을 믿고 그와 같이 죽음을 초월해 영원히 살고자 하는 소망이 담겨졌다. 우리나라에 전해져오는 대부분의 설화나 실화가 이 신선사상과 밀접한 관련이 있다.

고구려 고분벽화에서 십장생이 부분적으로 나타낸 것으로 보아 이 사상은 고구려시대부터 있었던 것으로 추측하고 있다.

경복궁 십장생 굴뚝

조선시대에는 설날에 십장생 그림을 궐내에 걸어놓는 풍습이 있었다.

이후 벽과 창문에 그려 붙였고, 병풍이나 베갯머리, 혼례 때 신부의 수저주머니, 선비의 문방구 등에도 그리거나 수놓았다.

해, 달(구름), 돌, 물은 자연 그대로 영원히 존재하는 것으로 예로부터 왕가의 상징물로 여겼으며 무한한 생명력을 지닌 불로장생을 표상한 것이다.

구름에 관해 조위(조선 전기 문신)는 '만분가萬憤歌'에서 '하늘 위의 궁정의 열두 누각은 어디인가. 오색구름 깊은 곳에 하늘의 신선이 사는 집이 가렸으니…'라고 기록했다.

'만고강산 유람할 제 삼신산이 어드메뇨. 일봉래一蓬萊 이방장二方丈 삼영주三瀛洲가 아니냐'로 시작되는 단가(판소리 전 목청을 가다듬기 위해 부르는 짧은 노래) '만고강산萬古江山'에서도 구름을 아래와 같이 표현하고 있다.

> '봉래산에 올라서니 수많은 봉우리와 골짜기들과 부용들은 하늘 위에 솟아 있고 백절폭포 급한 물은 은하수를 기우린 듯 잠든 구름 깨어 일고 맑은 안개 잠겼으니 신선이 사는 곳이 분명 하구나.'

이는 사기(한나라 무제 때 쓰여 진 역사서) 봉선서封禪書의 '봉래.방장.영주의 삼신산三神山은 전하는 말에 의하면 발해 중에 있으며, 여러 선인들 및 불사약이 모두 그곳에 있고 온갖 새와 짐승들이 다 희고 황금과 은으로 궁궐을 지었는데 도착하기 전에 멀리서 바라보면 마치 구름과 같다고 한다'는 내용과 연관된 것으로 보인다.

이로 보건대 앞의 오색구름과 안개 등 하늘에는 분명 사람이 아닌 누군가, 즉 영생불사하는 신이라는 존재가 살고 있음을 자연스럽게 알 수 있다.

'용도龍圖 생각하니 물위에 띄어 있는데 낙수落水의 거북 하늘이 내린 것, 왕가를 상서롭게 하네. 스스로 신선의 뒤에 뚜렷이 나타난 뒤로 문득 산 속에 들어가 날마다 편안히 놀았네.'

이색(고려 말기 문신)이 그의 십장생 시에서 거북이에 대해 기록해 놓은 내용이다. 이를 보면 거북이가 장수의 상징물뿐만 아니라 영물로도 인식됐음을 알 수 있다.

약 2,000년 전 영원한 생명을 누리고자 진시황이 애타게 해맨 불로초는 예로부터 선계仙界의 식물로 여겨졌다.

박인로(조선 중기 무신 겸 시인) '선상가船上歌'를 보면 '장생불사약을 얼마나 얻어내며'라는 대목이 있고 '장화홍련전'엔 '옥황상제께서 명을 받아 삼신산으로 약을 캐러 감에 길이 다르기로…'라는 표현으로 보아 불로초가 자라는 곳이 신선세계로 여겼음을 암시하고 있다.

학은 신선의 공중사자空中使者로 간주해 신비적인 동물로 알려져 있어 중국에서는 봉황 다음으로 진중하게 여긴다.

조선의 정철(조선 중기 문신 겸 시인)이 지은 '성산별곡星山別曲'을 보면 '하늘 높이 떠있는 학이 이골의 신선이라'했고 송순(조선 중기 문신)의 '면앙정가俛仰亭歌'에서는 '구름 탄 청학이 천리를 가리라'고 한 것을 보아도 신선과 함께 학이 있다고 여겼다.

사슴은 1,000년을 살면 청록靑鹿, 2,000년을 살면 흑록黑鹿이라고 하는데, 흑록은 뼈도 검어 이를 얻으면 불로장생한다는 말이 있다. 신라의 왕관 가운데 나무나 새의 날개, 사슴의 뿔 무늬가 장식돼 있는 것으로 미루어 알 수 있듯이 사슴의 뿔은 왕권의 상징이었다.

동명왕개국설화東明王開國說話에는 사슴에 대해 지상과 천상을 연결하는 영적인 동물로 표현하고 있다. 뿔이 나뭇가지 모양이어서 대지를 상징하고, 재생되기 때문에 영생永生을 상징하기도 한다.

절개와 지조, 선비정신을 나타내는 소나무는 애국가에도 등장할 만큼 우리 민족의 얼을 상징하는 나무로 손꼽힌다.

큰 규모로 궁궐 어좌 뒤, 임금의 초상인 어진御眞을 모신 진전眞殿이나 혼전魂殿 등에 비치된 '일월곤륜도'에서의 소나무는 나라와 왕실의 영원한 번영을 상징하는 것을 알 수 있다.

조선시대 여러 문신의 시를 보아 알 수 있듯이 십장생을 통해 느낄 수 있는 것은 인간은 신선세계에서 신과 같이 영원한 생명을 누리고 싶은 오랜 바람이 있었다는 사실이다.

서울특별시 유형문화유산 '십장생도(十長生圖, 서울역사박물관)'는 십장생을 주제로 그린 민화로 장생도長生圖라고 불리기도 한다.

이 십장생도 병풍은 19세기 조선 말기 궁중에서 제작된 10폭 병풍으로서 소장 경위가 확실하고, 구도 · 화법 · 채색 · 보

관상태 등이 매우 좋아 가치 있는 자료로 평가된다

십장생도는 정초에 왕이 중신들에게 새해 선물로 내리는 경우가 많았다. 주로 상류계층에서 새해를 맞아 문에 붙이는 세화歲畫와 오래 살기를 비는 축수용 그림으로 사용되었다고 볼 수 있다.

십장생도는 상상의 선계仙界를 형상화한 것으로서 산, 바위 등의 묘사에 화원풍의 청록산수법을 많이 사용하는 등 색채의 아름다움을 최대한 살리는 것이 특징이다. 이 그림은 대각선 구도를 취하여 오른쪽에는 육상의 장생물을, 왼쪽에는 수중의 장생물을 그렸다. 녹색을 주조로 하고 코발트색으로 포인트를 주는 식으로 산을 표현하였고, 고동색의 땅을 배경으로 붉은 줄기의 소나무가 화면을 분할하도록 하면서 그 사이사이에 갖가지 장생물이 배치되도록 했다.

보물 백자 청화매월십장생문 팔각접시白磁 青畫梅月十長生文 八角楪匙는 조선 후기에 만들어진 높이 5.2cm, 아가리 지름 13.6cm, 밑지름 4.3cm인 백자 접시이다.

바깥 측면은 아가리 부분부터 굽까지 8각으로 만들었다. 문양은 접시 안쪽 바닥에 매월문梅月文이 있고, 바깥쪽 전체에 십장생문을 능숙한 필치로 그려 넣었다.

유약색이나 각진 그릇 모양, 청화 문양으로 보아 18세기 중·후반에 제작된 것으로 추정된다. 유례가 드문 팔각 접시에 매월과 십장생의 청화문양이 있는 희귀한 예이다.

국가민속문화유산 십장생수 이층롱(十長生繡 二層籠, 숙명여자대학교 박물관)은 농의 앞면에 십장생 등의 문양이 자수로 놓여 진홍색의 전氈을 붙였다.

오동나무 장롱은 자개장이나 화류장과 같이 화려한 것은 아니지만 조촐하고 단아하여 귀하게 여겼다. 여기에 자수를 곁들여 십장생문 등 우리 조상이 즐겨 사용하던 문양을 예쁘게 전에 수놓아 이를 짜임새 있게 붙여 놓은 점이 돋보이며, 18~19세기경에 만들어진 것으로 추정된다.

오동나무로 만든 너비 77㎝, 높이 138.5㎝의 2층 장농으로 앞면에는 여러 가지 문양을 수놓은 붉은색 전氈을 붙였고 장롱의 네귀퉁이와 이음쇠, 문고리 등은 놋쇠로 만들어 장식했다.

위층과 아래층에는 같은 문양을 배치하고 장롱의 상단부에는 오동나무를 테로 하여 덩굴무늬를 수놓은 붉은 색의 전을 붙였으며 그 아래 문짝에도 오동나무를 테로 삼아 아亞자 무늬 안에 구름과 물결무늬 등을 곁들인 십장생을 수놓은 붉은색 전을 붙였다.

하단부 역시 오동나무를 테로 삼아 구름무늬와 물결무늬 등을 곁들인 연꽃무늬를 수놓은 붉은 색 전을 붙였다. 자수는 황색과 녹색, 청색의 꼰사를 사용하여 수 넣었다. 장롱 밑에는 상같이 생긴 얕은 받침대가 있어 네 귀퉁이에 놋쇠장식을 하였으며 장롱을 옮기기 편하게 양쪽에 놋쇠로 손잡이를 달았다.

보물 경복궁 자경전 십장생굴뚝(景福宮 慈慶殿 十長生굴뚝, 경복궁)은 굴뚝이면서 장식적인 기능을 충실히 하고 그 조형미 역시 세련되어 조선시대 궁궐에 있는 굴뚝 중에서 가장 아름다운 작품으로 평가 받고 있다.

자경전은 1867년에 경복궁을 다시 지으면서 자미당 터에 고종의 양어머니인 조대비(신정왕후)를 위해 지었으나, 불에 타버려 고종 25년(1888)에 다시 지어 오늘에 이른다. 십장생 굴뚝은 자경전 뒷담의 한 면을 돌출시켜 만든 것이다.

굴뚝은 네모 형태로, 가운데는 동식물 무늬인 십장생을 새겨 넣었다.

십장생 무늬는 가장 한국적인 무늬로 알려졌다.

이것은 조대비의 만수무강을 기원하여 제작한 것으로 보인다. 굴뚝은 벽돌을 쌓아 만들었고 그 위에 기와지붕을 얹었으며 지붕 위에는 연기를 빠지게 하는 시설을 해 놓았다.

자경전 십장생 굴뚝은 자경전의 뒤쪽 담 일부를 돌출시켜 만들었다. 가로 307㎝, 세로 87㎝인 십장생 문양을 중심으로 위아래에 학, 박쥐, 불가사리 무늬를 배치했다.

잘 살펴보면, 십장생 문양이 십장생을 주제로 한 왼쪽 영역과 십장생과 부합하지 않는 오른쪽 영역으로 나뉜다. 넓이는 왼쪽 영역이 대략 70%를 차지한다.

자경전 십장생 굴뚝 연구가 그동안 거의 이뤄지지 않았다. 필자는 문헌 연구와 현장 관찰을 통해 굴뚝 문양을 조사했다.

왼쪽 십장생 영역에 동물 3종, 자연물 4종, 식물 5종이 있는 것으로 봤다. 구체적으로 동물은 학 · 사슴 · 거북이고, 자연물은 해 · 구름 · 물 · 돌이다.

식물은 대나무 · 소나무 · 영지(불로초) · 국화 외에 모란이 있다고 설명했다.

구름으로 생각하는 문양 중 일부도 모란의 겹꽃잎과 암 · 수술을 형상화한 것 같다.

특히 주목한 부분은 십장생과 관련이 없는 오른쪽 영역이다.

이 영역의 날짐승은 물총새 · 청둥오리 · 두견새이며, 식물은 연꽃 · 포도 · 조뱅이 · 진달래 · 쇠뜨기 등이다. 그중 연과 포도를 제외한 동식물은 정체가 거의 논의된 바가 없다.

조선시대 회화나 조각에서 물총새는 자손 번창이나 많은 자식을 상징한다. 새를 종류별로 두 마리씩 배치한 것은 음양합일을 의미한다

조뱅이, 진달래, 쇠뜨기는 모두 강한 생명력을 보이는 식물이다.

연과 포도가 주인공 역할을 하는 것과 달리 세 식물은 조연

으로서 장수를 희구하고 자손이 번성하기를 기원하는 것으로 풀이된다.

자경전 십장생굴뚝에서 십장생 외에 다양한 문양이 확인된다는 점에서 굴뚝 명칭을 재고할 필요가 있다. 문양들이 민화 성격이 강한 '장생화조도'長生花鳥圖와 전반적으로 유사한 측면이 있다고 분석된다.

십장생 굴뚝(박쥐)

십장생 굴뚝 옆면에는 박쥐와 덩굴무늬가 함께 배치되어 있다.

박쥐는 중국어 발음이 복福과 같아서 복과 다산을 기원하는 의미로 사용됐다.

창덕궁 낙선재 석복헌 난간에 있는 호리병과 자경전 십장생 굴뚝의 박쥐는 복福을 바라며 넣은 문양이다.

선인들은 적을 호리병에 가두거나 호리병 속에 숨긴 무기로 세상 악을 물리치고 마귀를 제압했다고 믿었다.

박쥐는 한자식 표기가 '편복'蝙蝠으로, 복蝠 자의 발음이 복福과 같아 한자 문화권에서는 복을 기원하는 문양으로 사용됐다.

박쥐 아래에는 덩굴무늬가 배치되어 역경을 극복하고 나아가는 인내와 끈기를 상징한다,

불가사리는 나쁜 기운을 물리치는 상서로운 동물, 기린은 자비롭고 덕이 높은 동물, 나비는 즐거움과 행복을 상징하는 곤충으로 인식돼 문양으로 활용했다.

경복궁 근정전 월대(月臺 · 넓은 기단 형식의 대)에는 유독 동물 조각상이 많은데, 동물상 배치에는 별자리 개념이 투영됐다.

월대 양쪽에 있는 해치 조각상에서는 한국인의 독특한 미적 감각을 엿볼 수 있다.

"중국과 일본의 서수(瑞獸 · 상서로운 짐승) 조각은 살벌하고 사실적이지만, 근정전 월대 돌조각들은 대충 무서운 척하고 있다"며 "이빨을 다물고 있기는 하나, 보는 사람의 몸이 움츠러들 만큼 무서운 인상은 아니다."

제5부

꽃담, 흙으로 만든 한국의 마지막 유산

전통 문양, 꽃담에게 말을 걸다
굴뚝, 소통의 의미를 담다
글자 난장으로 물들이다
문화재로 꽃물 물들고, 세계에 수놓다
생활 속의 꽃으로 미래의 혼으로

전통 문양, 꽃담에게 말을 걸다

대한민국의 꽃담은 '반 발걸음을 쌓지 않으면 천리에 이르지 못할 것이요', '적게 흐르는 물이 모이지 않으면 강하를 이루지 못할 것'이라고 말한 순자처럼 살다가라 한다.

또, 한 움큼의 배추 속 같은 하얀 마음을 타인들 앞에 활짝 열 수 있게끔 한울타리 공동체를 지향한다.

부디 소원하건대, 서로 엇갈리는 두 마음을 갖지 말라 하고, '참을 인忍'자 셋이면 살인도 면하게 한다는 삶을 좌우명으로 제시한다. 4자는 '죽을 사死'가 아닌, '일 사事', '사례할 사謝', '섬길 사仕'로 해석하면서 긍정적 사고를 낳게 했으며, 달덩이처럼 큰 미소와 함께 찰진 눈웃음을 머물게 하는 힘을 가져다준다.

서양에 악당을 물리치는 독수리5형제가 있다면 백의민족은 5부자가 오순도순 콩 한 조각도 나눠 먹으며, 정에 죽고 의리에 사는 세상사를 실천해 차라리 눈물겹다. 6월이라 유둣날에

3현 6각, 3정승 6판서의 이치마냥 3과 3의 배수인 6의 결합으로 행복 바이러스를 언제나 소원했다. 일곱 색깔의 고운 무지개를 맘속에 새겨놓고 견우직녀의 상봉과 그 애절한 사랑을 영원히 노래하라.

8월 한가위를 맞아 9988234, 99세까지 88하게 살다가 2~3일 앓다가 저승에 갈 수 있도록 정화수를 떠놓고 '달~아 달~아 밝은 ~달아!'의 항아님에게 무병장수를 기원한다.

음력 9월 9일, 중양절, 중구절에는 국화주가 좋을시구. 삼천리 방방곡곡마다 푸진 잔칫상을 베푸는 한편 아홉 번 구운 죽염을 한 모금 입 속에 털어 넣을 양이면 피폐해진 몸추스리는 명약이 따로 없다.

꽃담은 이처럼 '반걸음(0.5)'부터 '중양절(9)'에 이르기까지 백의민족의 모든 숫자를 망라하고 있는 등 숨어있는 조상들의 지혜와 여유의 산물이다.

한국화에서 자연 형태로 묘사된 산이나 바위나 정자를 유有라고 할 때, 나머지 비어 있는 공간은 무無이며 여백이 된다. 그 여백은 깊은 못에 고인 물처럼 깊고 담담하고 고요하며 달달하다.

아니, 달달하다 못해 담담하고 고요하다.

조선 후기 전기의 '계산포무도'를 보면 간단한 붓질로 그림을 그렸다.

여백이나 선묘에 있어 이상적인 조형 질서에 도달하기 위한 계산된 의도 같은 느낌을 찾아 볼 수 없다. 이정의 '산수도', 김수철의 '송계한담도' 등도 이같은 맛이 새록새록 우러나오고 있다.

그림의 여백이 공간적 개념이라면 음악의 여백은 시간적 이미지를 갖고 있다. 판소리에는 목소리가 스러져 단절되어 소리가 없다가 다시 살아나는 창법이 있는데, 그 소리없는 묵음, 곧 휴지休止의 순간을 담아낸 시간적 여백이다.

멈춤의 시간은 앞의 소리가 끝난 즉시 뒤이어 다음 소리가 계속됨을 환기하는 과정에 다름 아니다. 소리 가운데서 그런 역할을 하는 것이 쉰목, 짠목, 자지러진목 등으로, 이는 소리 없는 데서 소리 이상의 것을 표현하거나 듣는 한국적 여백미의 표출이다.

꽃담의 문양과 상징 체제는 한국화처럼 여백을 충분히 살리는 한편 판소리의 묵음 같은 존재다. 경복궁 십장생굴뚝(보물 제810호) 속 십장생이 남녀노소, 사농공상의 분별이 없는 가운데 모든 사람들을 반긴다.

하지만 그 속의 꽃과 화초들은 이 땅에 피어난 게 아니다. 한국인의 마음에 활짝 함초롬히 핀 꽃, 바로 굴뚝에 조각해 놓은 영원의 꽃이다. 그래서 방실방실 시들 줄을 모른다. 꽃으로 장식한 굴뚝은 꽃담이 되고, 각종 길상 문양은 치렁치렁 벽면에 매달려 5미6감을 세세토록 노래한다.

문양 하나하나가 그대로 꽃밭이고 꽃가마가 아니던가. 사방연속무늬로 끝없이 이어진 꽃들은 화려하지만 천박하지 않다. 단청의 화려함은 세월에 씻겨 사라져갔지만 남아 있는 굴뚝은 한편 담백하고 한편 청아하며 한편 깔끔해 순박한 한국의 멋과 아름다움을 뽐내고 있다.

조선시대 궁궐의 굴뚝 중에서 가장 아름다운 예술품인 십장생굴뚝은 해, 바위, 거북 등 십장생은 장수, 포도는 자손의 번성, 박쥐는 부귀, 나비, 불가사리 등은 악귀를 막는 상서로운 짐승들이 등장한다. 꽃담에 앉아 달을 맞는 새 한 마리! 얼키설키 우리네 황토를 구워 만든 담벼락에 흙을 구워 꽃을 피우고 휘영청 보름달을 띄웠다.

경복궁 아미산 굴뚝(보물 제811호)엔 돌을 구워 그린 매화, 가지 끝 둥근 달엔 한 마리의 새가 둥지를 틀고 앉아 웃는다. 시나브로 가지에 매화가 송이송이 피었다.

난초 국화 대나무 나비 연꽃 온갖 화초와 새들을 줄줄이 그려 놓는 등 구중궁궐이란 말이 실감날 터이다.

길상무늬에는 십장생이 있고, 국화에 나비가 앉은 것, 쌍학이 천도를 맞잡아 문 것, 바위 위에 석류나무가 솟아 가지마다에 탐스런 석류가 영근 것, 고목 등걸에 매화 가지가 뻗어 거기 꽃이 피고 망울졌는데, 이때 한 마리의 새가 날아든다.

또 모란이 피어난 곳에 범나비 한 쌍이 머물고, 가지와 잎이 검고 꽃은 붉은 진달래가 봄 아닌, 사시를 두고 피어나 있기도 하다. 용이나 봉황, 박쥐 등 상서로운 동물은 물론 대나무, 매화, 포도와 같은 식물무늬도 볼 수 있다. 동식물 외에도 뇌문雷紋이나 만자문卍字紋, 길상문자문의 보기 등도 아주 많다.

창덕궁 낙선재에서 석복헌으로 통하는 뒤뜰 샛담의 포도 무늬는 다산을 상징한다.

포도 무늬가 있는 담 뒷면을 매화 무늬로 바꿔 꾸미는 기발한 착상은 더욱 백미다.

뭐니 뭐니 해도 점선 무늬의 핵심은 일월성신日月星晨 무늬다. 기와로 무늬를 형성하면서 둥글게 다듬은 화강석으로 해, 달, 별을 표현해 자연을 숭상하는 마음을 드러냈으니 하늘과 우주에 별이 어쩌면 이처럼 또랑또랑, 총총할 수 있는가.

낙산사 원장(강원도 유형문화재 제34호)과 창덕궁 주합루 서쪽 담, 창덕궁의 인정전 뒷담, 해인사 원당암 앞 담장, 수원 화성 동장대 합각의 둥근 무늬, 도동서원 담의 둥근 무늬 등에서도 확인할 수 있다.

수원 화성의 동장대는 왕을 보호하기 위해 군사들이 담 뒤에서 숨어서 몰래 지켜본 영롱무늬의 담이 둘러쳐져 있다.

전남 송광사 침계루 통풍구의 네 장의 꽃 이파리는 붉은 나무 기둥과 푸른 창문과 노란 벽면이 주변의 초록 빛깔과 어우러지면서 수려한 풍광이 그만이지만 '정도를 지나침은 미치지 못함과 같다'는 말과 '편안한 마음으로 제 분수를 지키며 만족할 줄을 아는' 세상살이를 일러준다.

'쓸모' 위에 정갈하게 버무려진 꽃담의 '꾸밈'은 문양의 독창성이다.

전통과 현대의 간극 속에 움츠러들었던 꽃담의 문양이 새로운 활력을 얻는다면 '찬란한 유산'이 될 수 있다.

여전히 하늘담은 꽃담에 하늘 닮은 사람들의 긍정의 미학이 삼백예순다섯 날 흐르고 있다.

바람처럼 구름처럼[如風如雲] 살다가라 하네. 강물처럼 별빛처럼[如水如星] 흘러가라 하네.

굴뚝, 소통의 의미를 담다

먼 옛날 글자를 모르던 시절, 시집간 딸이 '가고 싶은 생각은 굴뚝같은데 참새같이 바빠서 못간다'는 편지를 친정어머니에게 보냈다.

굴뚝은 우리에게 과거의 향수를 느끼게 하는 이름임에는 틀림없다. 굴뚝은 곧 바로 아궁이를 연상하고, 아궁이는 또 구들장과 군불과 소여물 끓이는 과거의 모습으로 우리를 끌고 간다.

추운 겨울날 바람이 내리 불면 연기가 아궁이로 몰려 나와 눈물이 범벅이 되면서도 소죽과 군불을 피웠다.

연기가 자욱하게 땅바닥에 깉게 깔리고 산사의 조용한 하루가 지나가고 산새들도 보금자리로 찾아가고 저녁 예불의 종소리, 그리고 정적 속의 풍경소리만이 남는 그곳에 굴뚝 역시 잔잔한 연기를 사방으로 실어 보낸다. 마치 자비의 목소리를 실어 보내는 저녁 종소리처럼….

우리네 선조들은 연기가 하늘로 날아가지 않고 땅바닥을 기어 다닌 듯한 모습에서 선조들은 날씨를 예견하곤 했다.

저녁 무렵 작은 마을에 낮게 깔리는 회색빛 밥 짓는 연기를 보고도 마음이 평화로워지지 않는 사람이 있을까.

부뚜막에 피워진 불꽃은 솥을 데우고 부넘기를 넘어 구들장을 덥히고 연기가 되어 굴뚝으로 나가는 이 과정, 모두가 따뜻한 어머니의 체온이 느껴지는 우리들의 살림살이에 다름 아니다.

굴뚝은 구조적으로 보면 온돌의 연장선이자 종착역이다. 난방 기관의 항문이랄까.

아궁이에서 피운 연기와 온기는 구들장을 데우고 연도(연기가 나가는 길)를 거쳐 굴뚝으로 나온다. 그러나 단순히 연기를 빼내는 기능만 하는 것이 아니다. 또 처마 밑에 있기 때문에 굴뚝에서 나온 연기는 집안을 한 바퀴 감싸 돌아나가게 되는데, 이는 집 안팎을 소독하는 효과도 탁월해 우리 조상들의 지혜를 엿볼 수 있다.

온돌이 발달할수록 굴뚝도 발달한다. 온돌하면 한국 아닌가. 굴뚝도 당연히 한국이 으뜸이다.

때문에 사진으로 굴뚝만 봐도 그 집이 어느 동네인지 알 수 있다. 추운 곳일수록 불길을 잘 빨아들이도록 굴뚝을 높이 세운다. 북쪽지방일수록 굴뚝이 높고, 남쪽으로 갈수록 굴뚝이 낮아진다.

우리나라에는 경복궁 자경전 십장생 굴뚝을 비롯, 속이 빈 통나무를 이용해 만든 통나무 굴뚝, 밑 둥이 없는 질항아리를 여러 개 표개어 만든 옹기 굴뚝, 황토를 재료로 만든 와편 굴뚝 등 그 종류와 형태만 해도 다양하다. 와편 굴뚝은 주로 기와편을 벽돌처럼 쌓으면서 황토를 바른 지붕 마감재로 기와가 많이 사용되는 사찰에서 많이 볼 수 있다.

또 사고석담과 어울리는 굴뚝은 절제미가 돋보이는 회색 벽돌 굴뚝이다. 예로부터 벽돌로 만들어진 굴뚝은 식복食福이 좋다고 하여 단단한 살림살이를 뜻하기도 한다.

궁궐의 경우 화려한 색보다는 회색 벽돌을 사용하여 세련되게 만들었다. 상류층 이상의 조선시대 주택에는 반드시 남향을 향한 밝은 후원이 있기 마련이다.

후원에는 으레 집 본채에서 조금 멀리 물러난 곳에 훤칠한 모양의 굴뚝이 세워졌다.

이 벽돌은 서양식의 붉은 벽돌이 아니라 회색 벽돌로, 맵시 있게 쌓기 위해 벽돌의 면과 네 측면을 모두 매끈하게 갈아 사용했다.

하지만 세상에서 가장 아름다운 굴뚝은 세련되고 화사한 궁궐의 굴뚝도, 암팡진 선비의 굴뚝이 아닌 '산골짜기 오막살이 낮은 굴뚝에서 살랑살랑 솟아나는 감자 굽는 내'가 나는 굴뚝,

음식과 밥내가 묻어 있는 그런 연가가 아닌가 싶다.

현재 문화재로 지정된 한국의 굴뚝은 단 2종에 불과하다. 보물 제810호 경복궁 자경전 십장생 굴뚝과 보물 제811호 경복궁 아미산의 굴뚝이다.

십장생 굴뚝은 아미산의 그것과 비슷한 종류의 무늬를 틀고 있다.

하지만 아미산 굴뚝이 평면이 6각형인 독립 굴뚝인 반면 십장생 굴뚝은 담장에 딸린 장방형 굴뚝으로 서로 그 맛이 사뭇 다르다.

십장생 굴뚝은 지붕면 위에는 10개의 연가煙家를 얹어 자경전 건물의 10개 아궁이에서 불을 때면 여기로 연기가 빠져나가도록 시설했다.

아미산 굴뚝의 경우, 기능은 연기를 배출하는 굴뚝이지만, 그 형태나 위치가 정원과 어우러지면서 뛰어난 조형미를 이루고 있다. 특히 아미산의 굴뚝은 왕비가 사는 곳인 교태전에 둥지를 틀고 소나무, 매화, 불로초, 학, 박쥐같은 것을 무늬로 넣었다.

쌍계사 국사암 인법당 뒤뜰의 굴뚝은 5층 높이로 쌓아 올린 기왓장과 진흙의 황금 분할은 뭇사람을 홀리는 꽃뱀 같고, 날씬한 제비가 아닌가.

마곡사 굴뚝은 오늘도 수키와들이 아랫부분을 수십 겹으로 꽁꽁 받쳐주고 있다. 이즈음 암키와들도 흙과 서로 섞인 채 호리호리한 맵씨를 뽐낸다.

강원도 고성군 왕곡마을(중요민속자료 제235호)은 다양한 굴뚝을 만날 수 있어 굴뚝마을도 불리우고 있다. 여러 개의 옹기(항아리)를 이어 연통 노릇을 하게 만든 옹기 굴뚝이 더욱 멋스럽다. 평범한 사대부집이나 민가의 질박한 굴뚝들이 더욱 더 정감이 가는 까닭이다.

키 작은 흙기둥에 기와 몇 장 턱턱 얹은 품새가 얼마나 매력적인가.

언뜻 꼬마 병정처럼 귀여우면서도 저렇게 연기를 내는 중요한 기능을 해내는 모습은 마치 장군처럼 의젓하지 않은가. 그런데 하필이면 왜 굴뚝 위에 항아리를 올렸을까?

왕곡마을의 굴뚝은 담장에 붙여서 조성하기 때문에 굴뚝 위가 상당히 넓은 편이다.

겨울에 부는 바람이 워낙 강해 지탱할 것이 없는 굴뚝은 넘어가기 일쑤다.

때문에 기와와 돌을 이용해 조성한 담장에 굴뚝을 놓고, 그 위에 빗물받이 항아리를 올려놓은 것은 아니었을까 하는 생각이 든다. 또 화재를 예방하기 위한 주술적 사고일 수도 있으리라.

낙안읍성 동헌 뒷뜰의 굴뚝과 연도煙道는 후원의 휘어진 소나무와 담장이 조화로운 풍경에 수채화빛 물감을 바른다.

회덕 동춘당고택 사랑채 뒤안에 있는 굴뚝은 태극 문양과 괘를 넣은 굴뚝은 꽤나 인상적이다. 넓적돌과 백회로 굴뚝을 쌓아 올라가다 살짝 문양을 만들었으리라.

이 굴뚝은 서로 편가르기가 아닌, 상생과 조화를 추구하려는 선비정신 같아 현 시대를 살아가는 우리에게 값진 교훈으로 자리하고 있다.

그래서 굴뚝은 고향을 그리는 마음과 함께 천년만년을 이어나갈 한국 문화의 상징 문패로 여전히 자리하고 있다.

글자 난장으로 물들이다

우리네 선조들은 그림 감상을 일러 '간화看畵', 즉 '그림을 본다'는 말보다 '독화讀畵', 곧 '그림을 읽는다'는 말을 잘 쓰곤 했다.

추사 김정희의 '세한도'를 받아본 제자 이상적이 스승께 보내는 편지를 통해 "'세한도' 한 폭을 엎드려 '읽음'에 눈물이 저절로 흘러내리는 것을 깨닫지 못하였다"고 썼다.

그림을 '읽는' 것과 '보는' 것은 무슨 차이가 있을까?

우선 '본다'는 것은 겉에 드러난 조형미를 감상한다는 뜻이고, '읽는다'는 말은 동양의 오랜 서화일률書畵一律, 글씨와 그림이 한가락이므로 보는 방법도 한가지로 '읽는 것'이 된다.

그림에서 읽히는 내용 또한 형상보다는 그린 이의 마음이 주가 되고, 문인화에서는 이 같은 경향이 더욱 두드러지면서 '서화동원書畵同源' 즉, 글씨와 그림의 근원이 같다는 인식이 싹텄다.

상형문자로 나타나는 한자는 글씨 자체가 하나의 그림인 셈이다.

한국의 전통 꽃담에서는 이러한 생각이 더욱 두드러지게 나타나면서 벽을 화려한 난장亂場으로 도배를 했다.

옛 사람들은 길상의 의미의 수복壽福, 강령康寧, 부귀富貴, 다남多男, 만수萬壽, 쌍희囍 등을 벽돌로 무늬를 놓아 꽃담을 만들었다.

꽃담은 5천년의 우리네 그림과 문양 감상하기가 가능하며, 한자 퍼즐 맞추기는 더욱 더 흥미를 더한다.

글자를 무늬로 넣거나 특정한 글자를 연속해서 배열, 문자들을 새김으로써 글자 뜻 그대로 좋은 일이 이루어지기를 바라는 의미를 함축하는 오늘에서는.

'수壽'자와 '복福'자가 가장 일반적이다. 의학이 발달하지 못했던 옛날에는 장수하는 것만큼 더 큰 복은 없었다.

때문에 옛사람들이 표현하는 문양에는 유난히 장수를 상징하는 것들이 많다. 수壽, 복福 계열과는 다르게 나타나는 문자문으로 '만卍'자나 '아亞'자를 새기기도 했다.

'만卍'자는 사방 끝이 종횡으로 늘어나 펼쳐지고 계속 이어지면서 끊어지지 않는 형태를 형성하면서 무한장구를 의미한다. '아亞'자는 특별한 의미보다는 '만卍'자처럼 역시 끊임없이 이어지는 연속무늬를 형성하면서 만사여의, 만사형통을 뜻한다.

운현궁의 꽃담은 노락당으로 가는 중문 끝자락에서 시작해 이로당까지 이어져 아름다움을 뽐내고 있다.

남쪽의 '길 영永'자에서 '즐거울 락樂'자까지 10자의 한자가 새겨 있어 선조들이 추구한 삶의 소망을 보여주고 있다.

남쪽에서부터 '永(길영), 世(인간세), 春(봄춘), 壽(장수수), 富(부자부), 康(편안강), 寧(편할영), 萬(일만만), 歲(해세), 樂(즐거울락)' 등 10자는 '영원토록 봄의 세월과 같아 장수와 부귀로움 속에 평안하여 만세토록 즐거우시라'는 뜻의 상징이다.

무시무종無始無終의 문양을 통해 장수의 염원을 담아낸 가운데 한자 10자로 된 문장을 통해서도 장수와 부귀 평안 등 백의 민족의 소망을 맘껏 과시하는 것이리라.

창덕궁 희정당의 굴뚝은 면마다 상단과 하단에는 글자가, 중단에는 무늬전돌이 놓여 있으며, 모두 12개의 꽃담으로 표현된다.

굴뚝 북면의 상단과 하단 꽃담에 베푼 '강康'자와 '녕寧'자, 그리고 코끼리 무늬 전돌을 가운데 두고 위아래로 배치된 '영永', '낙樂', '수壽', '부富'자와 같은 다른 글자 무늬 꽃담과 어우러지면서 화려함을 더한다.

경북 청도 운강고택(중요민속자료 제106호)의 화병벽 중앙엔 '길할 길吉'자가 선명하다. '길'자와 간단한 꽃무늬를 넣었으며, 그 아래와 위로는 귀갑문과 비슷한 기하학적인 무늬를 배열했다.

경기도 여주 해평윤씨 동강공파(경기도 문화재자료 제97호)종택의 화방벽엔 '부富'자(오른쪽)와 '귀貴'자(왼쪽)를 무늬로 새겨놓는 것은 화방벽의 글씨와 무늬를 통해 고요한 마음으로 부딪침을 다스리고 유물적인 부귀를 멀리하면서 유심적인 자타일체의 경지를 가르치며 추구한 것이 아닌가 싶다.

논산 돈암서원(충남 논산시 연산면, 사적 제383호)은 조선의 참 선비 사계 김장생선생의 학문과 덕행을 추모하기 위해 세웠으며, 배향 영역 사당은 말 그대로 꽃밭이다. 길상 무늬 대신에 12개의 글자를 사용하되, 붉은 색으로 큼지막하게 배열해 그 중요성을 강조한 듯하다. '서일화풍瑞日和風', '지부해함地負海涵', '박문약례博文約禮' 등이 바로 그것이다.

'서일화풍'은 '좋은 날씨 상서로운 구름, 부드러운 바람과 단비'라는 뜻을, '지부해함地負海涵'은 땅이 온갖 것을 다 실어주고, 바다가 모든 물을 다 받아주듯 모든 것을 포용하라는 의미인 만큼 김장생선생의 인품이 잘 드러나 보인다.

'박문약례博文約禮'는 지식은 넓게 가지고 행동은 예의에 맞게 하라는 의미다. 누구의 기찬 발상이었을까. 담을 쌓으면서 한 켠에 글씨를 박아 놓은 담양 소쇄원의 풍류와 여유는.

계류溪流 위의 외나무다리와 죽교, 아름다운 토석담과 담벽에 새겨져 있는 글씨는 '오곡문五曲門', '애양단愛陽壇' '소쇄처사양공지려瀟灑處士 梁公之廬'로 돈암서원과 마찬가지로 선비정신의 상징에 다름 아니다.

'소쇄처사 양공지려'라는 검정 글씨는 '회사후소繪事後素' 즉, '그림 그리는 일은 흰 바탕이 깔린 다음에 가능하다'는 공자의 말을 현실화한 징표다.

계룡산 중악단(충남 공주시 계룡면 양화리 신원사, 보물 제1,293호) 대문간채의 중앙칸 및 중문간채의 중앙칸 판문에는 신장상神將像을 그렸고, 이들의 화방벽 및 둘레의 담장에는 와편으로 수壽, 복福, 강康, 령寧, 길吉, 희喜 자를 비롯, 문자와 무늬 등으로 장식한 만큼 우리말 '지화자'를 그대로 옮긴 것이리라. 전북 임실 녹천재에는 용龍, 청靑, 아亞 자 등 한자로 기다란 꽃밭을 일구어 놓았다. 익산 함벽정에는 '쌍희囍'자가 바로 앞 저수지와 잘 조화를 이루고 있다.

정읍 진산동 영모재의 '쌍희囍'자는 '묘하墓下 재실'의 의미를 보듬고 있다.

문화재로 꽃물 물들고,
세계에 수놓다

높고 청명한 코발트색 하늘 아래 화사한 단청으로 한껏 치장된 전각들.

그 전각 사이 사이를 미로와 같이 에워싼 꽃담들. 궁궐의 이 모든 화려함은 이파리가 몇 장 남지 않은 단풍과 경쟁을 하는 듯 눈을 시리게 만든다.

지붕같은 하늘채에는 흰구름이 윤무하고 침실 같은 대지와 출렁이는 바다에는 푸른 산과 꼬막 등 같은 사람의 집, 아름다운 물길이 있다.

집 울안을 둘러쌓은 싸리, 대나무, 과일나무, 탱자나무의 생울과 짚, 보릿대, 밀대, 수수깡, 갈대 바자울은 고즈넉한 농촌 풍경이다.

주변의 돌과 땅 속에서 파낸 흙으로 토석, 석회, 돌담, 전축담에 오지, 도자, 기와, 돌로, 치레한 꽃담과 화장담(화문장)과 굴뚝 등은 여유를 상징한다.

하지만 현재 경복궁 자경전 십장생 굴뚝(보물 제810호), 아미산 굴뚝(보물 제811호), 도동서원 강당사당부 장원(보물 제350호), 낙산사 원장(강원도 유형문화재 제34호) 등 단 4종의 꽃담이 문화재로 지정돼 보존되고 있을 뿐 나머지는 세상 사람들의 관심 밖으로 서서히 밀려나면서 자취를 잃어가고 있다.

경복궁 자경전 십장생 굴뚝은 장식적인 기능을 충실히 하고 그 조형미 역시 세련돼 조선시대 궁궐에 있는 굴뚝 중에서 가장 아름다운 작품으로 평가받고 있다.

이는 자경전 뒷담의 한 면을 돌출시켜 만든 굴뚝은 네모 형태로, 가운데는 동식물 무늬인 십장생을 새겨 넣었다.

특히 장수를 기원하는 뜻을 가진 글자와 꽃, 나비, 대나무 형태를 흙으로 구워 새겨 넣은 아름다운 꽃담장과 동식물 무늬인 십장생을 조화 있게 새겨 넣은 집 모양의 굴뚝이 남아 있어 한국의 미를 더욱 뽐낸다.

굴뚝은 벽돌을 쌓아 만들었고 그 위에 기와지붕을 얹었으며 지붕 위에는 연기를 빠지게 하는 시설을 해 놓았다.

지붕면 위에는 10개의 연가煙家를 얹어, 자경전 건물의 10개 아궁이에서 불을 때면 여기로 연기가 빠져나가도록 배려를 한 것도 읽혀진다.

굴뚝의 제일 아랫부분 좌우에는 불가사리로 알려진 서수를 만들어 배치했다.

그 위로 장방형 공간을 구획하여 해, 산, 구름, 바위, 소나무, 거북, 사슴, 학, 바다, 포도, 연꽃, 대나무, 백로, 불로초 등을 조각했다. 그리고 윗부분에는 가운데에 용(나티), 그 좌우에 학을 새겨 놓았다.

십장생굴뚝은 교태전交泰殿 뒤뜰 아미산 굴뚝과 같은 종류의 무늬를 갖고 있으나 아미산 굴뚝이 평면이 6각형인 독립 굴뚝임에 비해 이 굴뚝은 담장에 딸린 장방형 굴뚝인 점이 다르다. 현재 굴뚝 상부에 반투명한 소재를 사용하여 보호시설로 지붕을 꾸며 놓았다.

경복궁 아미산의 굴뚝은 현재 4개의 굴뚝이 서 있다.

6각형으로 된 굴뚝 벽에는 덩굴무늬, 학, 박쥐, 봉황, 소나무, 매화, 국화, 불로초, 바위, 새, 사슴 따위의 무늬를 조화롭게 배치했으며, 각 무늬는 벽돌을 구워 배열하고 그 사이에는 회를 발라 면을 구성했다.

왕비의 생활공간인 교태전 온돌방 밑을 통과하여 연기가 나가는 굴뚝으로, 사시사철 풍성하게 탐스런 꽃을 피우고 있는 가운데 시나브로 4개의 굴뚝이 굽이굽이 선계로 빠져들게 하고 있다.

굴뚝 벽에는 당초무늬, 학, 박쥐, 봉황, 나티(용), 소나무, 매화, 대나무, 국화, 불로초, 바위, 새, 사슴, 나비, 해태, 불가사리 등의 무늬를 조화 있게 배치한 만큼 생생한 천문도이며, 우리네 삶의 부적같은 존재다. 이를 한자리에 모아 펼쳐보면 흡사 병풍 한 벌이란 생각에서는.

자연에서 노닐다가 신선이 되어 천년만년 좋을시고. 아름다운 자연에 내가 거하고 내가 자연에 거하는 이치 때문인가, 길손의 발길을 이끌게 만드니 인간 세상의 잡다한 일일랑 굴뚝 연기로 잠재우란다.

보물 제350호 도동서원 강당 사당부 장원은 기와를 이용해 쌓은 맞담으로 구성해 매우 아름답다.

담장에 암막새와 수막새를 사용, 음양의 조화를 통해 생명력을 불어 넣고 장식 효과를 최대한 살린 것으로 평가되고 있다.

또, 돌의 강도에 버금가는 단단한 기와를 사용함으로써 견고하면서도 아름다운 모습을 간직하고 있는 등 담장의 모습이 매우 아름다워 전국에서 토담이 보물로 지정된 유일한 곳이다.

낙산사 원장은 법당인 원통보전의 둘레를 사각으로 에워싸고 있는 담장이다.

암키와와 흙을 차례로 다져 쌓으면서 위, 아래로 줄을 맞추고, 일정한 간격으로 둥근 화강석을 배치해 단조로운 벽면을 아름답게 장식하면서 미학의 절정을 달리고 있다.

돌기와와 흙으로 높고 정연한 담장을 쌓고 넓은 벽면을 아름답게 장식한 이 담장은 법당을 둘러싸 신성한 지역을 구분하면서 공간 조형물로서의 효과도 함께 나타내고 있는 소중한 문화재이다.

덕수궁 유현문은 전돌을 아취형으로 쌓고 땅의 높낮이에 따라 담장의 높이에 변화를 준 것이 가장 큰 특징이다.

하지만 이곳에 설 때마다 장차 벌어질 자신(고종)의 앞날에 대해 까마득히 모른 채 어린 시절 즐거이 뛰놀았을 덕혜옹주의 체취가 맡아지는 듯 가슴이 아리다.

유현문의 홍예(무지개)엔 구름 속을 날고 있는 용이 보인다. 구름은 둥글게 말려 피어오르는 모습이다.

용의 머리에는 뿔이 솟아 있으며 몸에는 갈퀴와 비늘이 보인다. 몸은 구불거리며 위쪽을 향하고 있다.

경기도 용인의 호암미술관 후원인 '희원' 입구문(보화문)으로 재현될 만큼 아름답다. 덕수궁 꽃담 사이로 보이는 자그마한 유현문은 조선조가 비운의 역사, 설움의 역사가 아니라고 속삭이는 듯한 모습이다.

2006년 3월 31일 독일 베를린에 한국 전통 양식의 '서울정원'이 문을 열었다.

서울정원은 4,000㎡ 규모로 경북 경주시 안강읍에 있는 보물 제413호 독락당을 본떠 만든 것으로, 바자울로 만든 꽃담이

퍽이나 인상적으로 다가오는 만큼 이언적선생의 살아생전 모습을 보는 듯하다.

베를린의 서울정원은 지형적 특성을 살려 돌로 대臺를 쌓은 뒤 마당부와 계류(溪流, 시냇물)부, 계정(사랑채 겸 정자)부 세 공간으로 나뉘어 꾸며졌다.

우리 꽃담의 요요적적了了寂寂한 세계는 단정하지만 밋밋하지 않고, 간결하지만 아름다운 지상 최상의 작품으로 다가와 무한한 축복으로 자리하고 있다.

이내 불로장생의 꿈이 알알이 영근다. 애오라지 하얀 연기 솔솔 피워내면서 천상의 문턱으로 한발 더 가까이 다가서고 싶은 마음이다.

꽃담, 생활 속의 꽃으로 미래의 혼으로

봄이면 나른한 햇살을 받은 담장 한켠에 꽃들이 흐드러진다.

궁궐의 담장에 꽃이 봉긋한 꽃망울을 터트리고, 또 어느 절집에 노란 햇살 비껴들어 함초롬히 피어난다.

그윽한 향기 그대로 아름다운 꽃을 피워온 우리네 꽃담은 바람에 떨어지지 않아 천년만년 피어난다.

조상들의 담은 집을 안 밖으로 아름답게 만들어 주는 공간이면서 세상과 소통하기 위한 열린 공간이다. 담의 높이는 안방 마루에 앉아 밖을 볼 때 눈높이보다 낮다.

아늑함을 주지만 외부인에게 담의 존재는 열린 공간이면서 내외, 성역, 신역 공간의 의미를 느끼는 무한 경계의 환경 예술로, 이 속에는 삶의 쉼표와 함께 정한과 열정 그리고 무욕무문의 기도가 숨쉰다.

KT&G가 전주시에 기증한 전주 태평문화공원의 하이라이트는 경복궁 자경전을 닮은 꽃담이다.

길상문자인 수복, 강령, 부귀, 다남, 만수, 쌍희囍 등을 벽돌로 무늬를 놓아 쌓은 까닭에 더욱 운치를 더한다. 태평문화공원을 둘러싸고 있는 현대적 디자인의 꽃담은 소중한 문화유산을 후손들이 어떻게 활용하고 발전시켜 가야할지 무언의 텔레그라피(Telegraphy)를 보내고 있다.

이 공원은 KT&G가 지난 2002년 전주연초제조창 폐창 이후 아파트 신규 공급사업을 추진하면서 관련법에 따라 단지 부지 3곳에 총 1만2,126㎡규모의 개방형 근린공원을 조성, 전주시에 기부채납하게 됐다.

이에 전주 시민들이 전통문화도시의 이미지와 옛 전주연초제조창이 자리했던 공간의 상징성을 언제든 편안하게 엿보고 즐길 수 있는 도심 속 휴식공간으로 자리할 것으로 믿어 의심치 않는다.

최근 미술의 공공성을 중시하는 건축가들이 담장에 팝아트풍의 그래피티를 그려넣곤 하지만 우리의 현대 건축물에서 담은 그저 건축물의 내부와 외부를 구분하거나, 주거의 안정성을 담보하는 기능만이 강조돼왔다.

하지만 우리가 이 담에 높은 예술성을 부여한 유구한 전통이 있었음을 혹시라도 아는지?

우리 선조들은 담에 길상吉祥적인 의미를 담은 글자나 꽃, 동물 등의 무늬를 새기곤 했는데 이 화려하고 아름다운 담들을 '꽃담'으로 부른다.

그럼에도 불구하고 '여러 무늬를 놓아 독특한 치장을 한 벽체나 굴뚝, 합각(지붕 위 용마루 옆면에 삼각형 벽으로 꾸민 부분), 담장의 통칭'으로 쓰고 있는 꽃담이 관광자원화가 되고 있지 않는 등 실생활에 활용 또는 적용되지 못해 아쉬움이 크다.

관계 당국의 무관심으로 인해 다양한 선의 굵기와 모양 등을 비교해 살펴볼 수 있는 임실 사선대의 꽃담은 와편을 활용한 대표적인 사례로 유명하지만 최근 들어 자취를 감추어 아쉬움을 주고 있다.

높아가는 문화산업적 수요에도 불구하고 지금에도 문화원형 사업은 성공 사례를 찾기 어려운, 여전히 많은 숙제를 안고 있다.

그 대안의 하나를 꽃담을 통해 찾아보았으면 한다. 그렇다면 한국의 꽃담이 세계로의 진입이 가능한가?

단언컨대, 꽃담은 요즘 바람이 불고 있는 '걷고 싶은 길'의 새로운 테마가 될 것이 분명하다.

건축, 디자인, 인테리어, 한국 소개 달력으로 활용됨은 물론 다큐멘터리, 간행물, 소설, 영화, 드라마, 음악, 게임의 부재료 및 주재료의 소재 등 OSMU(One Source Multi Use, 하나의 콘텐츠를 영화, 게임, 책 등 다양한 방식으로 개발하여 판매하는 전략)로 널리 활용될 수 있다.

국가유산진흥원의 경우, 꽃담을 응용한 문화상품을 여러 종류 시판하고 있다.

경복궁 자경전의 꽃담을 다양한 재료와 기법으로 상품화해 원형의 미를 살리면서 현대적 가치를 입히고 있는데 다름 아니다.

안쪽에 글을 쓰고 종이를 접어 꽃담 형태를 완성해 가는 접지형 카드를 비롯 일러스트레이션 카드, 명함지, 경복궁 꽃담 엽서, 나전 명함함 등이 바로 그것이다.

'해안선따라 권역별 한국의 꽃담관광투어'를 상품으로 개발하면 어떨까.

서울 중구 태평 강북삼성병원 종합검진센터는 환자들이 환자복으로 갈아입은 후 대기하는 중앙휴게실에 황토로 만든 전통 꽃담을 설치해 흙을 느낄 수 있게 했다.

2010년 서울 주요 20개국(G20) 정상회의에 참석한 각국 정상, 국제기구 대표의 부인들은 꽃담, 창살무늬 등 한옥 특유의 아늑함을 느낄 수 있는 한국 전통 건축 디자인 및 실내 장식을 통해 한국의 아름다움을 만끽했다.

담과 석등 등 옛 궁궐의 전통조경을 테마로 정원을 만든 서울시내 한 아파트.

자연을 벗할 수만 있다면 어디든 나의 '나의 정원'이 되는 까닭이다.

용인시 호암미술관 앞 전통정원 '희원'은 조경 전문가들이 근대 한국정원의 원형으로 꼽는 곳이다.

일본 가나가와현 요코하마시 미쓰이케 공원에 1994년 6월 4일 한국정원이 준공돼 꽃담을 통해 가나가와현의 교민 3만여 명의 향수를 달래주는 명소가 됐다.

하지만 문화재(등록문화재 등)로 지정된 것은 4종에 불과한 실정으로, 체계적인 실태 조사가 절실하다.

꽃담은 이처럼 손가락에 꼽을 정도지만 보존을 위한 등록문화재登錄文化財로써의 가치는 충분하지 않을까 싶다.

이와 함께 꽃담을 만드는 화문장花紋匠도 하나둘씩 사라지고 있는 만큼 국가 문화재지정을 서둘러야 할 때이다.

꽃담은 우리는 세계적으로도 천민과 백성, 양반, 그리고 황실에 이르기까지 다양한 5,000년의 스펙트럼을 한눈에 볼 수 있는 드문 소재다.

대한민국의 흙으로 만든 마지막 문화유산인 꽃담이 건물의 일부로 판단돼 그 가치를 충분히 인정받지 못하고 있는 현실 속에 살고 있지 않나.

세종시 한솔동 근린생활공원의 꽃담과 전주 덕진공원 외담은 필자의 제안으로 만들어졌다.

일례로, 각급 기관의 화계花階, 한국 전통정원 조성, 정원박

람회 등 축제에 꽃담 스토리텔링 미션, 꽃담의 문양을 활용한 내장 타일 개발 등 이를 활용한 각종 생활 소품 개발로 널리 활용되었으면 한다.

담이란 게 묘해 남을 배제하려고 쌓은 것이 결국 나를 가두는 일이 종종 있다.

하지만 나와 남을 가르는 구분이 이토록 아름답고 남과 나를 배려한 꽃담만 같다면 굳이 온갖 철학적 이념들을 끌어들여, 적용한다면 머리가 아프지 않아도 될 듯하다.

따라서 한국의 꽃담은 분명히 세계 시장에 내놓을만한 콘텐츠로 충분히 각광받을 수 있는 만큼 이에 따른 각종 대책 마련이 절실한 오늘이다.

The Beauty of Korea's Traditional Walls(List 3호 영문판)

A wall is used to divide or enclose an area. But there is a peculiar type of wall that defies this traditional definition. In South Korea, kkotdam, or flower walls, are not designed to divide and enclose.

In the past, Koreans used to paint auspicious characters or images on walls. These beautiful walls served not only as decorative motifs for the house but also as spaces for communicating with the outside world. The height of the walls were usually set low so that residents could easily look outside from a sitting position inside a traditional Korean house.

The fl0ower walls, in other words, are open to outsiders. Unfortunately, the country's time-honored flower walls are steadily disappearing because they are hard to preserve and the government refuses to designate them as official cultural assets.

Flower Wall is a culmination of a journalist's vigorous research that covers major sites across the country, from palaces and temples to traditional houses.

It is a project that took about ten years to complete. The book introduces 32 flower walls ranging from the Amisan (mountain) chimneys inside Gyeongbokgung (palace) to a plain yet graceful wall of rocks at Hangae-maeul (village) in Seongju, Gyeongsangbuk-do (province).

Flower walls are made up of dirt, rocks, bricks and tiles - nothing special. What's special, though, is that the flower walls contain images of various auspicious characters, patterns, and images that include phoenixes, bats, bamboo, and the plant of eternal youth.

In the book, the author unveils symbolism embedded in the decorations and patterns painted on the flower walls. In Yeoju, Gyeonggi-do, Haepyeong Yun family's wall has engraved characters symbolizing wealth and nobility.

Lee interprets the wall's message as a call for a frugal life instead of an aimless pursuit of wealth.

Lee also interprets a semicircle pattern in the wall of Hahoe-maeul in Andong as inspiration for filling up the remaining space and the importance of leaving things out on purpose.

The author explains that this half-empty philosophy is highly positive and forward-looking because it represents the idea that today's loss is tomorrow's profit.

我们的花墙(List 3호 중문판)

院墙本来是用来区分里外的， 但有一种院墙却能够跨越这种局限，那就是花墙。

过去的先祖们为了求吉祥， 在院墙或者屋墙以及烟囱上刻上字迹、花、动物等纹样．即为花墙。

花墙不仅仅是为了装饰， 更是一个和世界沟通的存在。院墙的高度，一般要比坐在室内看院外的水平视线低一些。

院落是一个既温馨又对外开放的空间。但因花墙的原材料大部分为土，所以比较难保存，又加之并没有被指定为文化财产，所以当今花墙的痕迹正在日益消匿。

“我们的花墙”记述的，是一位媒体人士为了发掘日益消匿的花墙的价值， 花费了十几年的时间走遍韩国各地的宫殿、古城、寺庙、旧宅，用足迹考证出来的结果。

书中从景福宫华丽雍容的峨眉山烟囱， 到庆尚北道一个停船的港湾村简约朴素的院墙，总共介绍了全国32处美丽的花墙。

院墙的材料不外乎土、石头、砖头、瓦片。但上面却刻有凤凰、蝙蝠、竹子、长生草、祈愿国家和个人安宁的寿、福等字样， 而且这些花纹可以说涵盖了广阔的世界。作者还分析了这些纹样的象征性意义。

对于京畿道骊州海平尹氏家宗亲的墙上所刻的“富贵”二字，作者解读为“勿盲目求富贵，虽贫但若知足常乐方为人生价值”。

但对安东河回村落北村的半圆形图案， 则发现其形迹具有十分积极的意义：“为今后能够画一个圆满的圆做动力之源”，“暂且吃小亏，将来获大益”。

朝鲜王朝时期王妃和后宫家眷们曾在国丧期间暂住在乐善斋中， 乐善斋前华丽雍容的花墙和连漆都没有上的主楼形成了鲜明的对比，这是一种表达悲痛的方式。

作者叙述道：“花墙清淡素雅，十分整洁，韩国纯正的味道和美感都显现在其中”。

这种情绪，犹如古人对于人和自然的相生相长、朴素简洁、知足常乐的那种心境。

文中作者流畅的文体加之摄影家俞连俊精妙的摄影效果， 会令读者有一种亲眼目睹着花墙听讲解的感觉.

“Our Neighborhood’s Ggot–Dahm” Published(KBS GLOBAL CULTURE NEWS)

Lee Jong-geun wrote a book on the overlooked beauty of the Ggot-dahm, literally “flower wall,” across the nation, from the formidable walls of the royal palace Gyeongbok-gung, to the simpler low-slung fences of a village in Seongju, Gyeongbuk Province.

Ggot-dahm has always been a word used for fences or walls with unique drawings, prints, or any other kind of decorations. Unfortunately, the Ggot-dahm are not easily preserved because they are mostly made of mud or dirt, thus deteriorating before they can be seen as a part of Korea's cultural heritage.

The author mourned the loss of such a cultural asset and began his journey to various Ggot-dam around the country ten years ago. He commented on the aesthetics of the walls, but also on the history behind them.

The author's heartfelt narratives are accompanied by photographs of the various walls taken by photographer Yu Yeon-jun.

Lee Jong-geun wrote a book on the overlooked beauty of the Ggot-dahm, literally “flower wall,” across the nation, from the formidable walls of the royal palace Gyeongbok-gung, to the simpler low-slung fences of a village in Seongju, Gyeongbuk Province.

Ggot-dahm has always been a word used for fences or walls with unique drawings, prints, or any other kind of decorations.

Unfortunately, the Ggot-dahm are not easily preserved because they are mostly made of mud or dirt, thus deteriorating before they can be seen as a part of Korea's cultural heritage.

The author mourned the loss of such a cultural asset and began his journey to various Ggot-dam around the country ten years ago. He commented on the aesthetics of the walls, but also on the history behind them.

The author's heartfelt narratives are accompanied by photographs of the various walls taken by photographer Yu Yeon-jun.

* KBS GLOBAL 뉴스(CULTURE NEWS): 2008년 6월 5일자

【참고문헌】

고유섭, 한국미의 산책, 일신서적, 1986
최순우, 한국미 한국인의 마음, 지식산업사, 1980
최창조, 한국의 풍수사상, 민음사, 1984
김원룡, 한국 고미술의 이해, 서울대학교 출판부, 1990
조정현, 꽃담, 대원사, 1989
신영훈, 질박과 분방의 미 꽃담, 조선일보사, 2004
정재훈, 한국의 옛 조경, 대원사, 2004
허균,   한국의 정원을 선비가 거닐던 세계, 다른 세상, 2003
류경수, 우리 옛 건축에 담긴 표정들, 대원사, 2000
경복궁, 문화재관리국, 1995
이철원, 왕궁사, 동국문화사, 1964
유남해, 전통 문양, 대원사, 2004
홍사중, 한국인의 미의식(전통예문신서9), 전예원, 1982
이강근, 한국의 궁궐, 대원사, 2003
김성구, 옛 전돌, 대원사, 2003
박홍국, 한국의 전탑 연구, 학연문화사, 1998
한국의 기와, 연세대학교박물관, 1983
박언곤, 한국의 누, 대원사, 2003
천득염, 전탑, 대원사, 1998
최병윤, 마음으로 읽는 궁궐 이야기, 이비락, 2004
박보하, 산사의 미를 찾아서, 다른 세상, 2003
신영훈, 우리 문화 이웃 문화, 문학수첩, 1997
이상억, 서울의 한옥, 한림출판사, 1998

한국건축역사학회, 한국건축답사수첩, 동녘, 2006
김재일, 우리 민속 아흔아홉마당1, 한림미디어, 1997
신영훈, 한옥의 건축도예와 무늬, 지문당, 1990
한옥의 건축도예와 무늬, 대한건축사협회, 1989
한국의 고궁 건축, 열화당, 1988
조요한, 한국미의 조명, 열화당, 1999
임석재, 한국의 돌, 담, 길, 이화여자대학교 출판부, 2005
김동욱, 조선시대 건축의 이해, 서울대학교 출판부, 1999
박영순, 우리 문화 유산의 향기1-꽃담, 국토연구원, 2000
이종근, 유연준, 우리 동네 꽃담, 생각의나무, 2008
이종근. 유연준, 한국의 옛집과 꽃담, 생각의나무, 2010
이종근, 이땅의 다리 산책, 채륜서, 2015
이종근, 한국의 다리 풍경, 채륜서, 2016
이종근, 한국의 미 꽃문, 신아출판사, 2018
이종근, 한국의 꽃살문, 신아출판사, 2019
이종근, 호남문화인문여행, 한국학호남진흥원, 2023
이종근, 전라감영와 와유臥遊, 한국학호남진흥원, 2024

【참고논문】

손진우, 한국 조경에 나타난 담 및 옹벽에 관한 연구, 한양대학교, 1990
서숙경, 꽃담의 조형성 연구, 계명대학교 대학원 석사학위 논문, 1999
조진동, 창덕궁의 공간 경계 요소에 관한 연구, 동국대학교 대학원 석사학위 논문, 2006

서순조, 한국 담의 조형성 표현, 성신여자대학교 석사학위 논문, 1986
이용우, 한국전통 미술에 나타난 상징성 표현의 미의식 연구, 한국교원대 석사학위논문, 1996
조상훈, 한국전통주택의 외부 공간 구성 요소로서 담에 관한 연구, 청주대학교 석사학위논문, 1988
김현정, 경복궁 교태전과 자경전의 꽃담 무늬의 상징성에 관한 연구, 한남대학교, 1999
김경돈, 한갑수, 윤영활, 해외에 조성된 한국전통정원의 재현 특성, 강원대학교 산림과학연구 19호, 2003
유경상, 백난영, 이재근, 한국 전통 담장 및 화계조성 사례 연구, 한국정원학회지 20호, 2002
정무웅, 외부 공간의 담장에 관한 연구, 대한건축학회논문집 23권 91호, 1979
태영란, 조선시대 궁궐에 나타난 문양의 상징적 의미에 관한 연구, 성균관대학교 석사학위논문, 1990
장헌덕, 조선시대 양반주택의 공간적 특성과 그 조형성, 아시아 민족조형학보 제1권 제1호, 2000
김선희, 장태현, 한중 전통주거에서의 담장 특성 비교, 한국전통조경학회지, 25권 제1호, 2007
송혜련, 한국 전통 담의 꽃문양을 응용한 의상 디자인 연구, 이화여자대학교 디자인대학원, 2004
윤지영, 꽃담의 조형성을 응용한 도벽 연구, 중앙대학교, 1998
이영배, 꽃담 무늬를 응용한 생활 소품 연구, 국민대학교 테크노디자인대학원, 2004

한국의 꽃담

인쇄 2025년 12월 13일
발행 2025년 12월 15일

지은이 이종근
발행인 서정환
펴낸곳 신아출판사
주소 서울시 종로구 삼일대로 32길 36 305호(익선동 30-6 운현신화타워)
전화 (02) 3675-3885, (063) 275-4000
팩스 (063) 274-3131
이메일 sina321@hanmail.net
출판등록 제465-1984-000004호
인쇄 · 제본 신아문예사

ISBN 979-11-24068-45-8 03810

값 20,000원

Printed in KOREA